Rabindranath Tagore

人的宗教

泰戈爾論文集

曾育慧 譯

The Religion of Man

關於泰戈爾 1861-1941

生於英屬印度孟加拉邦加爾各答市的泰戈爾，屬孟加拉族人，婆羅門種姓。父親戴賓德納特．泰戈爾（Debendranath Tagore）是地方印度教的領袖，也是知名的哲學家和社會活動家。在環境的薰陶下，泰戈爾八歲即開始寫詩。

泰戈爾自幼不喜歡拘束，也不習慣學校的刻板生活，進過師範學校及英國人辦的孟加拉學院，皆因不適應而未完成正規教育。他的知識主要得自父兄、家庭教師及自己的努力。

十二歲時母親去世，十七歲遵循父兄的指示赴英國留學。由於父親期望他成爲律師，最初在倫敦大學學院學習法律，因志趣不符轉而投入英國文學。十九歲回到印度，正值思想與創作力爆發期，縱情山水，寫就許多詩歌與小說作品。

泰戈爾赴英留學前，曾與英文家教彼此愛慕，後來對方在家人安排下另作他嫁，鬱鬱而終。泰戈爾回國後才知愛人過世，遂於二十二歲時，接受家人安排，迎娶年僅十歲的瑪瑞納里妮．戴維（Mrinalini Devi），這樣的婚姻在當時與現在的印度極爲普遍。瑪瑞納里妮的純樸和踏實獲得泰戈爾眞心相待，兩人育有三女兩男。

三十至五十歲間，是泰戈爾生命最不平靜、飽受折磨的時期。妻子在一九〇二去世，隔年二女兒也病故，兩年後父親去世，不久連他最心愛的小兒子也染上霍亂離開人間。一次大戰爆發後，泰戈爾投入反戰與倡議和平，周遊各國講學。於近七十歲高齡之際時開始學畫，作品超過千幅。晚年主要從事藝術詩歌創作、和平運動、民族運動。

泰戈爾的祖父德瓦卡那特．泰戈爾（Dwarkanath Tagore）精通阿拉伯文與波斯文，整個家族也醉心於梵文與古印度文學。因此，不令人意外，泰戈爾的思想融會了印度、伊斯蘭、波斯傳統與各國的文化。

他的文學作品以詩歌爲主，小說、散文、劇作也同樣優美，充滿詩意。詩歌主要以孟加拉文創作，創作主題受人生不同階段的歷練影響，從對自然與生命的詠讚，至後期充滿熱烈的愛國精神。此外，在他關於政治、文化、社會變遷、宗教信仰、哲學、國際關係等大量的散文中，可以看到他思想演變的軌跡。

然而，儘管泰戈爾的作品在印度與孟加拉、甚至整個東方世界，已屬文化的一部分。但在西方世界，除了爲他獲得諾貝爾文學獎的《吉檀迦利》，鮮少獲致應得的重視。在印度與東方世界，他被視爲全方位的現代思想家；不過在西方，他往往被視爲唯心論者。

泰戈爾是詩人，也是哲學家，更是愛國者。他的思想主要承繼古印度《奧義書》梵我合一的精神，受印度佛教的影響，經西方哲學的洗禮，並將兩者加以融合。他雖讚賞西方的科學，卻貶抑物質主義的取向；他推崇東方思想的奧妙，但反對禁慾主義。他的主張充滿人道主義式的關懷，以「大我的人格」取代「小我的欲望」，以「積極的服務」取代「消極的禁慾」。

泰戈爾的宗教思想則深受包爾人影響；包爾人是一群特殊教派的孟加拉人，他們的信仰既無形象，也沒有宗廟、經典或儀式，宣稱人類的神性存在他們吟唱的歌聲中，也藉由歌唱向祂傳達強烈的情感。他強調人格神論，在本書中俯拾可見這樣的觀點。

大事記

一八六一年

五月七日出生，是家中的第十四個孩子。父親與兄姊皆為知識分子。泰戈爾八歲開始寫詩，十二歲開始寫劇本，十五歲發表了第一部作品《原野之花》，被譽為「孟加拉的雪萊」。

一八七八年

赴英國留學。最初學習法律，後轉向英國文學，研究西方音樂。才華橫溢的泰戈爾很早就走上文學創作之路，十七歲發表了敘事詩《詩人的故事》。

一八八〇年

回到印度，專注於文學創作。創作生涯橫跨了詩歌、小說、戲劇等不同領域，均獲得不凡的成就。詩歌主要皆以孟加拉文寫成。

一八八三年

迎娶年僅十歲的瑪瑞納里妮．戴維，兩人育有五名子女，兩名早夭。一八八四年泰戈爾離開城市到了鄉間，主要為管理家產。

一八八六年

發表《新月集》，成為印度各級學校必選的文學教材。這段期間陸續撰寫了許多抨擊英國殖民統治的文章。

一九〇一年

在加爾各答市北方約一百八十公里處的小鎮聖迪尼克坦（Santiniketan）創辦了一所從事兒童實驗教育的學校。他的主要收入來自父親死後的遺產及書籍版稅。這所學校後來發展成為交流亞洲各國文化的國際大學。

一九〇五年

時值孟加拉與印度人民皆反對分裂孟加拉，形成轟轟烈烈的反帝國運動。泰戈爾亦投身民族獨立運動，創作了〈洪水〉等愛國歌曲。不久運動的領袖們產生分歧，泰戈爾不贊成群眾暴力，主張從事建設性工作，諸如發展工業、消滅貧困等，遂於一九〇七年退出運動回到聖迪尼克坦，埋首創作。

隔年譜寫〈金色孟加拉〉，是他一系列勸勉孟加拉人團結的作品之一。詩的首十行於一九七一年孟加拉國獨立時被採用為國歌。

一九一三年

以英譯版詩集《吉檀迦利》獲諾貝爾文學獎，聞名世界文壇。接續發表為人所熟知的《漂鳥集》和《園丁集》。獲加爾各答大學授予博士學位；英國政府封為爵士。

一九一六年

第一次世界大戰爆發後，先後多次遠渡重洋，訪問幾十個國家和地區，並與世界各國文化名人共同組織反戰的和平團體，也使他瞭解到許多不同文化間的差異。

一九一九年

發生英國軍隊開槍打死一千多印度平民的慘案，泰戈爾聲明放棄爵士封號，以示抗議。後來幾年間，他訪問蘇聯，寫有《俄國書簡》；他也譴責義大利法西斯帝國侵略衣索比亞。泰戈爾始終關心世界政治和人民生活，支持人類正義的事業。

一九三〇年

五月於英國牛津曼徹斯特學院希伯特講座（Hibbert Lectures）發表系列演說，並親自將演說內容加以改寫與增訂為《人的宗教》一書。於近七十歲高齡時開始學畫，作品超過千幅，曾在世界各地展出。

一九三九年

第二次世界大戰爆發後，泰戈爾不斷寫文章斥責希特勒的不義行徑。泰戈爾不僅是作家、詩人，還是作曲家和畫家。他一生共創作了兩千餘首激勵人心、優美動聽的歌曲。其中，〈人民的意志〉這首歌於一九五〇年被定為印度國歌。

一九四一年

生日之際發表控訴英國殖民統治和相信祖國必將獲得獨立解放的著名演講〈文明的危機〉。八月七日，一代大師與世長辭，享年八十歲。

作品簡表

◎詩集

《心中的嚮往》（*Manasi*, 1890）、《金帆船》（*Sonar Tari*, 1894）、《剎那集》（*Ksanika*, 1900）、《奉獻集》（*Naibedya*, 1901）、《吉檀迦利》（*Gitanjali: Song Offerings*, 1910）、《新月集》（*The Crescent Moon*, 1913）、《園丁集》（*The Gardener*, 1913）、《採果集》（*Fruit-Gathering*, 1916）、《漂鳥集》（*Stray Birds*, 1916）、《遊思集》（*The Fugitive*, 1921）、《流螢集》（*Fireflies*, 1928）等。

◎小說

《人是活著，還是死了？》（*Living or Dead*, 1892）、《摩訶摩耶》（*Mahamaya*, 1892）、《棄絕》（*The Castaway*, 1893）、《太陽與烏雲》（*Clouds and Sunshine*, 1894）、《破巢》（*Nastanirh*, 1901）、《沉船》（*The Wreck*, 1906）、《戈拉》（*Gora*, 1909）、《家庭與世界》（*Ghare Baire*, 1916）、《兩姊妹》（*Dui Bon*, 1932）等。

◎劇作

《暗室之王》（*Raja*, 1910）、《郵局》（*Dak Ghar*, 1911）、《齊德拉》（*Chitra*, 1914）、《人紅夾竹桃》（*Red Oleanders*, 1926）等。

譯序

譯完《人的宗教》這本書，我對於宗教的看法徹底被顛覆。也許有人跟我一樣，認爲宗教是人類心靈的寄託，不管受到個人或環境因素的影響而感到徬徨無助之時，一份堅定的信仰總能維繫我們的希望。

一代思想家泰戈爾似乎不這麼想。這位天縱英才從自然和吟遊詩人得到的宗教體驗，提出「人的神性與神的人性」，也就是「人的宗教」的概念。

人們爲什麼怕鬼？他先用一種有趣的觀點闡述人的演化是勇於自我解放以進入更高層次的過程，包括冒著跌倒的風險從四足調整到兩足站姿，讓身體得到釋放，空出兩隻手來做其他的事，但簡潔過頭而拋棄身體後面的尾巴，或忘記留一隻眼睛在背後的結果，卻使我們的背部失去保護而充滿不安全感。

人們又爲何敬畏神明？泰戈爾指出，其一是出於恐懼，比如做壞事會遭天譴的因果報應說；其二是出於欲望，比如希望得到神明的保佑或上帝的青睞，這些都隱含著人與神分離的概念。他認爲這些個人層次或專屬於特定族群的概念，在先知瑣羅亞斯德出現之後帶來了劃時代的突破。信仰不代表以行動取悅神明，神明也不會只把好處發放給那些懂得取悅祂的信徒。宗教是全人類心智的產物，神爲普天下所有人共有，不但超越種族界限，也把人類結合在神聖的和諧中。他以桌子爲例，在空無一人的屋子裡，桌子依然是桌子，並非因爲它是獨立於人而存在的現實，而是因爲普世之人對它的感知而存在。任何東西、現象或眞理，只要脫離人類的心智或理性就不存在。反過來說，在人的心智認知的範圍內，像是音樂與文學，即使經典或樂譜全被蛀蟲啃光，它們也不會消失。

建立這個基礎之後，泰戈爾進一步主張人有能力超越狹隘的宗教定義，從信仰中悟出神性自我，領會道德天性。他說：「對他人的猜忌是原始而粗鄙的人性，現今全球各地充斥著這樣的氛圍，提供侵略式個人主義孳生的溫床，導致了野蠻行爲、貪婪與冷酷，加害人對於殘害人道的惡行卻依然夸夸其言……主張這些性格是人類不變的天性，而道德是少數人的看法，競爭才是所有生物的本能。我不解，人們試圖超越與突破體能極限的夢想會被讚許，憑什麼認爲我們已經抵達道德的盡頭？」

這些在上一世紀說出的話，同樣一語道破我們在二十一世紀的嚴峻挑戰。從氣候變遷、貧富差距到恐怖攻擊，未來的前景似乎不樂觀。泰戈爾沒有放棄希望，一方面點出問題，同時也指示我們可以怎麼做，「人類社會總是處在兩股勢力的拉扯中，一股力量拯救我們，另一股力量將我們拉進災難的深淵。我們必須明白這個事實，選擇正義的道路，這是唯一得到救贖的希望。」

這本書，也許可以爲人類與地球的永續發展提供更深刻的思想與行動基礎。

曾育慧、Mujibul Alam Khan

二〇一六年六月

祂是唯一，超越顏色，以祂偉大的力量滿足所有膚色之人的天生需求；
祂是世界的起點也是終點，祂超凡入聖，盼祂使眾人團結，和平相處。

目錄

The Religion of Man

十二、教育家 171

宗教教育會讓我們透過靈魂更貼近世界，去感受而不只是測量，就像我們獲得樂器的目的是期待它能奏出自己的樂音一樣。

十三、靈性的自由 185

想靠著掐住某人的脖子來攫取自由，是辦不到的。只有放下自我，透過內在修練才能通往自由。

十四、生命的四個階段 195

從個體到群體，從群體到宇宙，從宇宙到無限——這是靈魂的既定路線。

結語 207

附錄一：現實的本質：泰戈爾與愛因斯坦世紀對談 212

附錄二：孟加拉地區的包爾人 218

附錄三：達杜與形體之謎 239

附錄四：夜與晨 247

前言

本書各章除了收錄我在一九三〇年五月於牛津曼徹斯特學院希伯特講座（Hibbert Lectures）所做的系列演講，也包括我長年周遊世界各國，針對同一主題發表演說後的心得。

這些演說由相同的主題一以貫之，只證明了一件事，那就是在我內心經過醞釀而逐漸成熟的「人的宗教」，不僅僅是一個哲學問題，而是一場宗教體驗。事實上，從青澀的年少時代迄今，我的寫作很大一部分是在記錄這個思想的發展軌跡與成長。到今天我總算明白，我寫下的作品和說出的話語都來自共同的靈感，只是這個靈感過去往往未向我坦露。

我的生命如何找到清楚的聚焦，這段親身經驗將會呈現在本書中。這本書對某些讀者來說可能只覺得有趣，但我希望多數讀者能體會它所揭櫫的，觸及宗教理念的理想價值。

我要誠摯感謝希伯特講座的理事們，尤其是一直與我有鴻雁往來的杜萊蒙博士（Dr. W. H. Drummond），他體諒我因健康問題不克前往歐洲，將講座的時間從一九二八年延至一九三〇年夏天。我也感謝諸位理事們慷慨同意我把當時在牛津做的一系列演講，加以改寫擴增並依照成書架構分章節，不必拘泥於原講稿。杜萊蒙夫人在我演講期間提供了無微不至的照顧，這份溫馨的回憶與這些講演時時浮現在我的腦海。

我將部分與核心主題相關的文章加入附錄，以饗讀者。另外兩篇非常有意義的史學參考資料，是我極尊敬的同事兼好友克須堤・莫洪・沈恩（Kshiti Mohun Sen）教授的論文節錄。沈恩教授提供的中古印度宗教思想觀使我受惠良多，在此一併致謝。

泰戈爾

一九三〇年九月

一 人的宇宙

Man's Universe

光，萬物起源的輻射能量，爲微物世界中的原子迴旋舞拉開序幕，也爲繁星搭起浩瀚而寂靜的時空舞台。眾星浴火而生，享受太陽千萬年來光與熱的照拂。帝王般的行星統御著廣袤無際卻死氣沉沉的荒漠，從不知存在的目的，只在王朝傾覆之際肅穆地皺眉。

某日，滄海一粟的單細胞竟孕育出生命。這個生命擁有成長與適應的本能，勇於面對窮山惡水，挑戰這片由「數大」形成的空虛。這個生命理解到其存在的關鍵，端視價值高低而不在數量多寡，因此它始終追求價值的深化，透過各種途徑創造價值，既遵循自然法則，也力抗從中阻撓的自然慣性。

創造的奇蹟繼續發生著，不因微小的生命展開通往未知的寂寥旅程而停下腳步。細胞與細胞的結合，創造出更龐大的生物體。這並非單純的細胞聚集，而是驚人且複雜的功能協調，最後才建立完美的運作秩序。這正是整體的創造性法則（creative principle of unity），人類窮盡一切分析也無從解開這道攸關存在的神聖謎題。比較大規模的生物細胞協作，能進入更高層次的自主性而進行自我表述，也開始自行發展具備其他功能的器官，這是爲了達成效率的新工具。生命的潛能就在這演化過程中漸漸發揮。

儘管形體上的演化繼續發生，卻並非毫無止盡。體型上的過度擴張終究成爲負擔，摧毀了生命的自然律。那些縱容成長、不加節制的生物體，最後受笨重遲緩的軀體之累，近乎滅絕。

在這個時期結束之前，人類的出現扭轉了演化的進程，把對於形體擴張的盲目追求，轉爲增長另一種能力，使演化朝著更微妙的完美境界邁進。這個新目標使人類的演進得到眞正的解放，也讓人類瞭解自己的力量是無限的。

生起火，舉起槌，日以繼夜埋首於塵屑灰燼與刺耳聲響中，人們鑄造出樂器。我們也許把樂器製作視爲單獨的事件，隨其演進。然而，當樂音流瀉時，我們明白這就是音樂的展現，即便時有矛盾對立。演化走了一大段路，人類才登場，但演化與人類的腳步必須一致，也因此演化在人類出現後改變了目標，走上一條截然不同的道路。這段連續的過程在人類身上找到意義；而我們也必須承認，科學談的演化，即是從人類的角度出發的演化。皮革裝訂的書封和扉頁，都是書的一部分；我們透過心智感官與生活經驗理解到的世界，也全然是我們自己的世界。

神聖的共同體原則始終是體內各構造之間的原則，從地球早期的多細胞生物的演化過程中，便能清楚顯現這一點。事實上，人類所能達到的完美，已經在他自己身上體現了。但是除了身體的物理運作，最重要的是，我們還靠著同樣的身體達到更不可思議的成就。人在孤立時悵然若失；在人際間則會發現更偉大、更眞實的自我。人的多細胞軀體有生有滅；集合無數個體的人類卻是生生不息的。抱持著這份共同體的理想，他理解到生命不朽，愛無止盡。共同體不僅是主觀的想法，還是能夠激勵人心的眞理。不管用什麼名號來稱呼它，也不論用什麼符號來表達，對於共同體的覺察與體認是純潔而神聖的，而人們忠於這個體認所付出的努力，就是我們的宗教。它始終在等待，等待人類的歷史用更適切的方式來闡明並彰顯它。

我們有雙眼，告訴我們物質世界的形貌。我們亦具備內在的能力，協助我們發覺我們與至高的自性（supreme self）、人格的宇宙（universe of personality）的關係。這項能力是閃耀著光芒的創造力；就更高的層次而言，它是人類所特有的。它帶給我們全面的視野，雖然就生物觀點來看，這種能力對延續生存的幫助不大；它的目的是喚起我們追求完美的動機，以達到我們渴望的不朽。完美，只存在於永生者（Man the Eternal），而人在追尋的過程中產生了愛，也更願意去實踐完美。

智力與體力的發展，對動物與人類的生存同樣重要；但人之異於其他物種，在於意識（consciousness），意識的發展會深化人類對於永生、圓滿與不朽的實踐。意識啓發人類的創造力，顯露人性中蘊含的神性，以眞、善、美各種形式展現，也存在於自由的行動中，這樣的行動並非爲己所用，而是爲了終極的追求。個體的存在目的是爲了大我，因此必須透過無趣的工作、科學與哲學、文學與藝術、事奉與禮拜來達成。這便是「人的宗教」，即使名稱與形式不同，它都在人心起著作用。人類認識和使用的世界，是一個遼闊無際的偉大所在，人們也在完美之境實現自己信奉的眞理並得到滿足。

———

本書主要在探討我們信奉之神的人性，或者說永生者的神性。我自己對於神的思考，並非源自哲學論證的過程。這個想法在我早年就開始萌芽，隨著我的性情慢慢變化、醞釀，直到某日靈光乍現，腦海中浮現清楚的樣貌。我在本書裡描述的經驗，讓我相信除了表面可見的存在，我們還擁有不斷變動的個別的自我（individual self），可是在我們內心深處，存在著人類永生的靈魂，那是超越知識所及的。它經常與我們的日常瑣事出現扞格，也撼動了那一道人們爲了獨享安適，由個人習慣與膚淺的社會常規共同築起的高牆。它透過流露普世精神的作品激勵著我們；它在瀰漫自私自利的生活中出人意表地喚起無私的犧牲情懷。在它的召喚之下，即使缺乏理想中實際的信仰，我們依然奮起，爲眞理與美好奉獻生命，成就他人而不求回報。

在探討我自己的宗教體驗時，我曾說過，第一階段的體認是透過親近自然而來——那不是與我們心靈相通的自然，也不是跟我們有實體接觸的自然，而是以和諧的形式、色彩、聲音與動作使我們的生命更精彩、激發我們想像力的種種現象，而讓我們感到滿足的自然。這個自然並不是一個隱身在科學證據背後，化爲抽象符號的世界，而是向每個人大方展現其豐美本質的天地，與人類天性不斷互動與反饋。

我的生命經驗受到一些歌謠的影響，往往是我從流浪各地的包爾人（Baül）那兒聽來的；包爾人屬於一群特殊教派的孟加拉人，他們的信仰既無形象，也沒有宗廟、經典或儀式，他們宣稱人類的神性存在他們吟唱的歌聲中，也藉由歌唱向祂傳達強烈的情感。祂來自人類，純潔無瑕，簡單且低調，祂為我們道出了所有宗教的深層意涵：無關乎無所不在、充滿宇宙力量的神，而是強調人性裡的神。

我們也必須承認，即使是科學的客觀現象，都屬於人類的範疇。自認以科學為憑的人，主張眞理跟美、善不同，是獨立於人類意識之外的。他們告訴我們眞理與人類心靈無關，是個神祕晦澀的信念，合乎人性但難以理解。但有沒有可能，理想中的眞理獨立於個人，卻受到含括個人的人類共同心智（universal mind）左右？如果說眞理與人無關，那才是違反了科學，因為科學就只是把人類有能力知道並理解的現象，歸納成理性的概念，而邏輯就是機械思考的人們創造出來的思考工具。

我正在使用的這張桌子，即使具有不同的意涵，但人類以感官和思考做了判斷之後，決定它是一張桌子。而當某個人用科學方法分析這張桌子時，同樣的東西所呈現的樣貌會跟他用感官推斷的結果截然不同。他的身體感官、邏輯推論與科學儀器，都脫離不了他的理解力；這些都正確，對他來說也都是眞理。他可以用這張桌子來滿足他的實際目的，也可以用它來增長科學知識。無論如何，這個知識屬於人，也來自於人。如果某個特定的個人不存在，桌子的存在並不會改變，它還是一項與人類心智有關的物品。我們透過感官理解的桌子，以及用科學理解的桌子，兩者並不一致，卻在人類的存在中和解了。

在思想的範疇也是如此。從科學的世界觀出發，因果律（law of causality）是毫無例外的。原本會發生的事情，如果條件不足或狀態改變，就不會發生。這樣的歸納是依據人類心智的邏輯運作而形成。不過，人的心智有一種自主的直覺，它察覺到它的自由，總是爲此奮戰。在我們多數的日常行爲中，我們都承認有這樣的心智自由；事實上，行爲的價值正取決於這樣的自由。這跟我們對桌子的使用很像。不管科學結論爲何，當我們把桌子視爲固體，而非一群代表某種能量的液態元素集合而成時，我們會獲得最大的滿足。

我們也可以利用量測的現象來說明。一根針的空間雖小，如果用顯微鏡放大後，可以容納好幾位天使，或是供好幾隻駱駝穿過針眼。在電影鏡頭下，透過拍攝器的技巧，時間與空間可以被延伸或濃縮。一顆看似微小的種子，卻承載著廣大時空的未來。而眞理，也就是人，即便看起來是在某個時刻顯現，實則不然，更不是憑空而生。人的顯現沒有終點，甚至不是此刻，也沒有我們想像中的起點。人的眞理存在於絕對的永恆，會在永無止境的時空中持續演進。假使人的顯現歷經數百萬光年，那也只是一項背景。不論有多長，時間是人的一部分，這段期間承載了他的顯現，他的存在跟周遭一切事物皆有關聯。

這種關聯性是這個表相世界的基本眞理。以煤炭爲例，當我們探求煤炭的眞貌，乃至於它的結構時，會發現表面上看似最穩定的元素，也在各種旋轉力量中消失了。煤炭的組成單元是碳元素，再進一步細究，還能分析出不等數量的質子與電子。可是，這些帶電粒子的存在重點不在個別元素，而在於彼此之間的關係，儘管日後可能有其他研究深入分析這些元素，但無論如何，元素之間存在著普遍的關聯性這項事實始終不會改變。

碳元素如何結合成一塊煤炭，我們不得而知，最多只能說碳元素透過交互作用形成煤，而這樣的結合關係所代表的不僅是我們看到的一塊煤炭，更展現了創造性協作與整個物質世界的夥伴關係。

宇宙萬物的創造都是來自每個小單位捨己以成就全體。人的靈性世界也持續要求個別成員以小我就大我。這樣的過程在物質世界相對單純，而在靈性世界之所以困難，是因爲必須將個別的智慧與意志調和成全體的智慧與意志。

印度典籍《奧義書》（*Upanishad*）有一節提到，這個變動的世界具有一項超越一切的整體性，因此眞正的喜樂絕不會建立在因貪慾而得到的滿足，只有在個體放下自我融入全體大我之中，喜樂才有可能。

有哲人鼓吹多元世界的理念，意味著多個世界的存在，但彼此間完全無涉，毫不相干。即便這個說法爲眞，也沒有人能提出證據，因爲我們的世界充滿人的感覺、體驗、想像與推理等等，也就是人在現在或其他時候所能認知到的一切的總和。世界以它各異的面向、它的美、它必然的規律、它的可能性影響著人們；世界用不同方式影響人的感官、想像力與理性思考，藉此向世人證明它的存在。

我並不是說世界的本質有賴個人的理解才能確認，而是說世界的現實與全體人類的心智相關，這份心智永遠能夠領會所有現實的可能性。這便是爲什麼我們靠科學而不是從個人身上獲取正確知識，因爲科學象徵著全體人類的理性心智，個別心智總是有其時間、空間，以及必須滿足當下基本需求的侷限，因此沒那麼可靠。這也正是人類文明進展的基礎。進展表示有個完美的理想境界，促使人類社會裡的個別成員努力去突破他在知識、愛與喜樂的限制，以接近那個理想境界，也因此趨近大同。距離我們最遙遠的星球，是高階天文望遠鏡頭中閃爍的微弱星點，它的光訊連結我們的目光，與人的悟性產生共鳴。這使我們堅信應該進一步探索星星的祕密。當我們認識了星辰的眞相，就會懂得具備偉大理解力的人的心智。

我們應該瞭解，至尊至聖者（Supreme Person）不僅具有理性思考的能力，還有想像力、愛與智慧，祂的靈性在所有人之上，對祂的愛會擴及所有生命，這份愛的深度與力度遠超過其他情愛，歷經重重困境與磨難，只有愛終會實現。

《奧義書》中的伊薩（Isha）即是無上的神靈，存在所有生命之中，是全人類的主宰，我們透過所有的眞知識、愛與事奉，與祂心靈相通，再靠著捐棄自我使祂在我們身上顯現，此即爲生命最高目標。

二 富創造力的心靈

The Creative Spirit

某天，一個小女孩即興編了故事，要我當故事主角。故事中，我被關在黑漆漆的房間裡，門從外面上了鎖。她問我：「你如果想出去要怎麼做？」我回答說：「我會喊救命。」方法很簡單，但這麼一來故事就沒看頭了。所以小女孩又補充，附近沒人，不管你怎麼喊叫都不會有人聽到。我不得已只能訴諸暴力，比如說用蠻力把門踢開。當然，爲了讓故事繼續發展下去，這回門變成鐵做的。我又找到一把鑰匙，可惜鑰匙不對，門還是打不開……小朋友開心地設了一關又一關的情境障礙。

生命也是如此，最重要的任務是去打開一道道的門以逃離黑牢，過程幾乎跟上述的小故事如出一轍。困境接踵而至，每次過關後又出現新的障礙，冒險才能持續往前邁進。直到歸結出一個完美的結局，一切告終，沒戲唱了，聰明的小朋友無事可做就只能下台一鞠躬，回家睡大覺。

生命之神在無垠的巨大死寂中注入簡單的活細胞，開啓生命的篇章。這是足以撼動世界的成就，其中的奧妙至今仍不爲人所知。生命之神的腳步從不停歇，大膽迎接更艱鉅的挑戰，以高明的巧思發掘一項在今日看來依然不合邏輯的要素。

這個要素便是一種任誰都無法分析的自動調節的交互關係。生命之神先是結合了眾多細胞，再分門別類，使個別細胞在合作基礎下發揮自我存續的功能。原本簡單的小單元就這樣組成大型的個體。這不僅是聚集的過程，每種分類代表一項分工，一方面各司其職，一方面維持緊密互動。生命之神一聲令下，召集大量的細胞，賦予它們生命共同體的意識。細胞在生命的完整性受到威脅時，就會動員起來全力抵抗。

一棵樹的內在和諧與內在的生命躍動，展現於它的美、強韌度、堅忍卓絕，以及穿越輪迴窄門通往未知的歷程。發展到這個階段，即便不再有任何想像或創新，都堪稱偉大的成就。然而，生命之神的創造力源源不絕，絲毫未見停歇，開展更多的創造；她一改之前的慣常手法，引進「移動」（locomotion）這個變數，讓生命面對的風險提高，同時也讓足智多謀的生命之神有機會再度大顯身手。她似乎熱中大規模的挑戰，因爲大環境總是設下重重關卡限制移動，嚴拒所有新來者攀上生命之岸。所以，魚類長出了可以在陸地移動的器官。氣壓則是另一項更難的阻礙；不過，生命之神接下戰帖，賦予鳥類非凡絕倫的雙翼，突破大氣難以捉摸的潛規則，使牠們在天上比在看似安穩的陸地更加自由自在。極地有寒冰做哨兵，熱帶沙漠則推出酷暑，向生命的幼苗大聲說「不」。但無論如何，這些專制禁令還是落空了，縱然失敗的代價是死亡，這些處女地的疆界終究被成功地打開。

這段征服的歷程記錄著生命王國開疆闢土的足跡。這段旅程是一次又一次靠著創新與成功挑戰自然法則所累積而成的。生命前進的場域是一座現實又殘酷的競技場。物質世界是量的世界，資源有限，勝利只屬於那些手中握有致勝武器者。勝者前進的道路，與失敗者走的路，通常是兩條沒有交集的平行線。

眼前眾多嬌小的戰士爲了生存機會搶破頭，看來似乎至少曾經有過一段肉體至上的時期，也就是擁有大骨骼和肌肉、肥厚保護層與粗狀尾巴的物種，才具備生存優勢。這種大而無當的現象似乎是天意使然，因爲在以數量取勝的世界裡，體型大小顯然是勝負的關鍵。不過，這些龐大的行頭最後卻以滅絕收場，到現在我們每天都能從沙漠和遠古遺址中挖出牠們沒落的痕跡，那是幾乎被遺忘的生存戰役中節節敗退的殘篇。這些重量級生物身上攜帶的不外乎骨骼、獸皮、硬殼和尖牙利爪，非但無法供養生命所需，反而是沉重的包袱，使其難以獲取攸關生死且最根本的自由與發展。

地球爲她的子嗣們提供的生長資源被這些狂妄的大食怪胡亂消耗，而這些生物也花了許多力氣維持笨重的身軀，眞正的成長到頭來反而受到嚴重的阻礙。這樣徒勞的競爭總算過去了。少數存活下來的遺老，像是犀牛與河馬等，如今在地球上占據的空間之小，相較於牠們龐大的體力與體型，顯得可笑而懸殊。牠們的雄壯威武現在看來格格不入，眞是晚景淒涼。這些碩果僅存，以及那些已經絕種的物種，是生命實驗失敗的結果。接著，在幽暗微明的拂曉，這場實驗進入反擴張階段，換上嬌小的人類，懷抱著深不可測的偉大企圖心登場。

我們應該明白，世界的演化腳步是朝著揭示**眞理**的方向前進——也就是某些內在價值不論時空如何延伸都不會有所不同。生命的形成不是指新物質的出現，因爲組成生命的元素跟組成石頭、礦物的元素是相同的。不過生命會逐漸發展出一種無法測量或分析的價值。心智與自我意識也是如此；它們都展現了不凡的意義，也是眞理的自我表現。眞理透過人類顯現出它確切的存在，也極力將它的面貌展示得更

加清晰。而永恆，正是穿過種種阻礙，從過去發生的事件中實現自我。

生命演化過程的生理進展，到了人類似乎就定了下來。我們再也想不到身體還有什麼可以增加或修改的重要功能。假如有人一生下來就意外地多了一雙眼睛或耳朵，甚或多了手腳，我們總是會想盡辦法除之而後快。人對於任何過於明顯的身體變異，總是斷然地加以否定，那是因著天生美感而來的否決，任何突如其來、觸怒天顏的破格之舉都要專斷地加以推翻，不考慮有沒有好處。我們的背部平坦，缺乏保護；從戰略觀點來看，這個部分其實不甚完美，如果被攻擊了，很容易造成不便或傷害。理性來看，光是這一點就足夠讓我們暗自後悔當初沒有保留尾巴。可是，任何違背簡約（policy of economy）的嘗試都會遭到憤怒的排斥。我相信人們怕鬼的性格是來自背部的脆弱，因爲那是我們照顧不到的地帶，讓我們變得疑神疑鬼。如果我們可以把其中一隻眼睛挪到背後就能解決問題，不必老是擔驚受怕！話說回來，現在這個建議爲時已晚。

因此，當所有的創新都被執意地推翻時，人體的生理效率便逐漸下降，有些器官也開始喪失原本的活力。被圈在圍牆內的文明生活削弱人的視力、聽力和距離感。吃慣煮熟的食物，我們變得不太使用牙齒，反而便宜了牙醫。被衣服過度保護的我們，皮膚的溫度調節功能變鈍，傷後的癒合力也隨之減弱。

生命之神的大冒險似乎在人類出現的那一刻停了下來。她可能察覺到，一直在形體上做文章，東添一筆、西補一畫，只是白白浪費精神，因爲證據告訴她，二加二並不總是等於四。生物必須維持在理想的組合，內部的關係才不會產生衝突。數量或大小如果毫無節制地擴張，將會破壞內在和諧的完美，因此想在形體上得力的野心註定失敗。碩大的長鼻子垂在大象的面前有其作用，而我們可能以爲大象的尾巴如果也長成象鼻那樣，好處應該會多一倍。不過，在生命之神的土地上恣意生產，讓大地變得擁擠不堪，結果就是邁向死亡。生命的自然節奏不同於九九乘法表，倘若擴張是傲慢且粗暴地踐踏生命規律，最後就是毀滅自然的節奏，剩下毫無章法的無用累贅。正如前面提到，演化史上的確發生過這樣的災難。

悲劇帶給我們的教訓是，如果尾巴一直長下去，長到不知何時該停止，最後就會變成毀滅身體的致命包袱。

此外，身體的演化也難免會把生物訓練成具有特殊才能的專家，比如在沙漠中行動自如的駱駝，移到沼澤區便失去行動能力；悠游尼羅河畔的河馬，到了鄰近的沙漠卻活不下去。著重單面向有助於培養生物的專長，那些能力在特定的領域中能夠達到極高的效率。天上的專家是鳥類，海裡的專家便由魚類壟斷。鴕鳥只在自己的地盤上占優勢，如果擺在老鷹群裡便顯得愚蠢無比。生物都必須安於與自身限制互爲表裡的優勢。犧牲生命的完整性來換取特定能力是必然的結果，因爲形體的演進僅限於物質的、肉體的，所以必定有其限制。

爲了避免她的創造因形體過度膨脹而死亡，專業化的限縮似乎是生命之神在某個演化階段的目的。她已經知道生命的本質不在數量多寡或體型大小，毫無節制的追求最後會走上惡性循環。太古時期的動物正是因爲長得太大，時時刻刻背著笨重的骨架，還得生出又長又結實的尾巴來維持身體平衡。這些生物占的空間大，身體有大片面積暴露在外，只能靠著又厚又重的盔甲保護。這麼多裝備湊在一起也需要牙齒和爪子，或角和蹄來搭配，但它們的共同點都是無生命。

這等於是一個硬邦邦的包袱背著另一個硬邦邦的包袱，讓生命本身變成承擔這些硬殼的平台，直到被這些沒完沒了的重擔壓垮爲止。有人說，一棵樹絕大部分是無生命的物質；樹幹除了薄薄的外層，其餘都是老死的木材，卻是樹木一柱擎天的支撐，滿足其睥睨大地的雄心。沒有生命的木材扮演奴僕的角色，以便將樹高高撐起。可是，要得到死木的扶持，樹卻得用它眞正的自由來換取。樹必須尋求大地的協力，才能與它的死忠奴僕分享資源，靠著糾結不清的地下盤根把自己永久定在原地。

相反的，渴望享有移動優勢的物種必須把不利移動的無用包袱減到最輕，也必須瞭解生命的進展應該放在內在的提升，而不是物理性的擴張。無生命物質的成長不能超越有生命的，就如同保護身體的外殼不能讓皮膚失去呼吸的能力，盔甲的存在也不能讓手臂因而作廢。

最後，當生命之神在人類身上見到自己的形象，她所發動的循環總算圓滿了。這項任務隱含的眞相在幽暗中閃著亮光，隱約爲她指出超越自我、具有意義的方向。抵達終點之前所做的努力都是外在的，偏向技藝性與器質性，注重鍛鍊器官的效率，走向永無止盡同時也乏善可陳的物理性進展。不可否認，蜜蜂的複眼有些人們難以想像的特殊功能，螢火蟲能自體發光的能力也讓人類難望項背，還有更多物種身上都有我們無力猜測的感覺器官。

這些被強化的感官就像在拉長一條距離未定的生命旅途，卻永遠不會帶領我們跨出物質的疆界。

除了器官的效率，妝點物種外觀的配件也是如此。深海生物身上斑斕的色彩和豐富的圖案令人目眩神迷；蝴蝶的翅膀、甲蟲的背部、孔雀的長羽毛、甲殼類的外殼，以及植物的樣貌之繁複更是不勝枚舉。這些發展幾乎達到完美的終極標準，但其實不然，因爲如果只是形體上的持續改進，不管出現多少令人嘆爲觀止的傑作，還是有份難言的缺憾。

這些裝飾品就像被囚禁的美女身上的誇張打扮，在有限的空間內極盡奢華之能事，卻盼著遙不可及的解放，還有感官所不及的內在深度。形體上的自由如同牢籠中被畫定的自由，只能獲得技藝上的精練和表淺的美感。不論體能和技巧提升到什麼程度，都會讓生命長期受到習慣的束縛。就像一個模型，雖然帶來安全感，也能產出標準化的結果，終究還是停滯不前的。幾千年以來，蜜蜂重複構造相同的蜂窩，織巢鳥做出一樣的巢，蜘蛛結一樣的網，牠們的生物本能使牠們身上的肌肉與神經結構維持不變，所以牠們沒有出格或犯錯的權利。為了確保可信、可預期的成品，這些生物的身體必須像模範生般地運作。模範生就是服從、守規矩、靠死記背出課文，不頑皮不作怪，卻也缺乏活力和創造力。這樣的完美無瑕是經過嚴格掌控的產物，跟無生命物體差不了多少。

——

生命之神不願意讓這種零缺點的乏味規律繼續下去，便大膽地主張更大幅的自由，也決定吃下智慧樹的果實。

這一次，她的挑戰並不是對抗死寂，而是對抗自身難以承受的重擔。她要抗拒忠心耿耿的本能，就像要掙脫精明老舍監的控管一樣。她採用新的實驗方法，重新制定法令規章，嘗試打造跟過去完全不同的人類。她勇敢地跨出步伐，敞開大門迎接一項曾經被她小心翼翼呵護，卻深具爆炸性的高風險變數——心智（mind）。其實我不應該說人類缺乏心智，應該說布幕到了這個階段才掀開來，掀開之後舞台上演出什麼戲碼從此一目瞭然，即使暗熱，在強烈的灼熱之中還是能看得見。

人的心智跟生命一樣，本質上並沒有形體，不占空間，這樣的優勢使得心智不受有形的疆界所限。心智和生命另一個相同點，就是同樣具有自由的意涵，這是早期物種所不具備的特質。動物的心智雖能跨出生命的侷限，但範圍終究不大，就像小孩子的自由，他們可以跑出房間，但不能走出家門；或像日本剛開始接觸西方世界時，只開放一個商港讓外籍船舶進入，深怕與外國人自由通商後會有危險降臨。心智對生命而言也是陌生的，它有著全然不同的章法，還有強大的武器，它的情緒與習慣也與生命的性質相左。

生命之神跟閃族神話中的夏娃一樣，寧可失去安適平靜以換取自由。她聽信誘惑，相信只要答應與陌生人永遠合作，便能取得進入祕境的權利。在這之前，生命只關心與自己相關的好處，但打從具有冒險精神的心智出現以後，竟帶來另一層同樣強大的好處。兩相牴觸，出現嚴重的後果。我說過有些人類的重要器官遭到忽視。唯一的解釋，就是心智分散了生命在過去放在身體機能上的全幅專注力。無庸置疑，即使生命以生存爲第一考量，但若與心智的意向相左時，後者總是占了上風。最近有些探險家打算挑戰攀登聖母峰，正是因爲心智熱愛冒險犯難的性格使然。在這裡，心智違背了它與生命的合作契約，把延續生命的諾言拋在腦後。生命因大權在握而長期享有的特權，經常因爲不遜的心智而破功。事實上，雙方結盟之後，各自的功能總是互相干擾，有時造成難以收拾的後果。即便如此，這番衝擊與激盪也讓人類的演化成就斐然，遠遠超過碩大身軀的生物所能達到的境界。

人類出現在生命王國的方式，就像傑克與巨人的神話，是對於生命的一大抗拒與挑戰。軀體的擴張變成負擔，人類擺明了不認同。心智對著毫無防備的人類說，「無須恐懼」，接著便天不怕地不怕地站出來，獨自面對著看似威武雄壯的肌肉大軍的威脅。硬碰硬時，人類弱小的肌肉一定會無助地大聲喊痛，所以他必須想個出奇制勝的辦法，而且是從演化這方面來突破。達到了，人類便脫離動物的被動命運而成爲菁英。人類開始進一步讓自己的身體得到外部器官的協助，也就是可以爲人所用卻不必用生命來還的幫手。弓和箭，就是人類最早發明的外部器官。

假如這個改造是在體型至上的演化階段發生，那麼人類的手臂可能會以漸進而緩慢的方式變得粗壯，最後形成大而無當的器官。話說回來，我可能猜錯，因爲生命本身具備的靈巧與美感也許會讓人的手臂變成兼具美觀與實用的打獵工具。果眞如此，今日的抒情文學就會歌詠雙臂的巧奪天工，讚嘆其高超的打獵技術，用各種比喻加以讚頌。但縱使有了詩歌加持，有些無法掩飾的缺陷依然看得出來。比方說，長於狩獵的手臂拿起筆或是彈起琴來一定顯得笨拙。幸好，這次人類演化的大躍進在於那些額外的「手腳」不必再依附著身體，就像之前提到的弓箭。弓與箭絕不強求一定要從手臂長出來，使得手臂只剩單一專長。

人類的手臂具備了象鼻、虎掌和鼠爪的功能，只不過厲害程度遜色不少。但如果生命用她過度的創造力把這三種動物肢體綜合在人體某個部位，想必會淪爲恐怖的整人遊戲。

另闢蹊徑的第一步非常具有經濟效益，那就是不再讓肢體承受重擔；換句話說，保存身體重要資源的同時，也達到最高的運作效率。另一個目的則是讓生命之神不再折騰，不再爲了養成一點點專門技能而大費周章，讓人體做出太多的投資。這也會激發人類自己去料想，該如何把水裡游的魚、天上飛的鳥和地上奔跑的動物的優點集於一身。人類理想中的完整在於能夠表現各種生命的形式，但不是被動地透過自然機制做隨意分類，而是在理性心智的幫助下，帶著明確的目標在各種機會間做選擇。於是在生日時收到雕刻刀當禮物的男孩立刻超越了老虎，因爲他不必花一百萬年的時間演化出刀鋒般的利器；當這項工具用不著的時候，也不用再花一百萬年將之卸除。人類利用心智得到鋼鐵製的利爪，把數千年的時間壓縮到短短數年。唯一令人不安的，就是工具和使用者的成熟度不協調。老虎身上的爪子與性格是同步發展的，不會有任何老虎的爪子和虎威不相稱。而人類的小孩雖然擁有虎爪般的刀子，卻不一定具備使用刀具的適當性格，得等到成人時才有可能。今日，人類得到四肢以外的額外手腳速度太快、數量也太多，可是內在的氣質卻趕不上，所以到處都看得到人類社會中許多小屁孩全然無視他人的福祉，拿著不具人性的利刃胡鬧。

我確信，有件事是瞞不住了。雖然深宮中的皇太后，生命之神，照樣提供必要的協助，不過劇本已經改變，她也退居幕後。第三幕開始時便將舞台讓給人類。具備創造性格的人類依著敏銳的覺察力，在生命的國度中創造新政權。自此，人類的

意向直接掌握治理權並建立自己的法則，不再受到阻礙。印度那些神祕主義者因爲不滿自然之神長期的掌控，便轉攻心智無法直接抵達的內在境地，贏得了意志。

隨著演化方向丕變而發生的事件中，最重大者莫過於人擁有了心靈（Spirit）。心靈的豐富程度，是人類爲了維持生物性活動的種種能力所難以匹敵的。心靈對人的影響讓我們跨越了生存的嚴明界限，提供一個讓思緒和夢想馳騁的開放空間。這種特權是能夠從創造中發現樂趣的神祇才有的。生命的初始，唯一的任務就是活下來，各種生物若能得到好運都是靠機運的恩賜。他們永遠都得靠著外界的施捨，時而被主宰形體的大神呼來喚去。乞人之間沒有和諧可言；他們彼此妒忌猜疑，就像狗兒爲了主人的施捨搖尾乞憐，但彼此間卻劍拔弩張，相互叫囂，欲將對方除之而後快。這便是科學界所描述的生存競爭。和平永遠不會降臨在乞人的世界；我很確定，渴求特殊機遇的人總是活在備戰狀態，成天忙著添置武器。

可是，有個聲音在一片喧囂中浮現，那是盈溢★的聲音、悠閒的聲音，同時也是脫離生理需求的聲音，它對著人類說：「歡欣慶祝吧！」於是，人類從一開始作爲聽命的生物，變身成爲創造者。過去只能接受，現在角色改變，也要付出。過去人習慣向神求助，現在是神出現在他眼前要求他做出貢獻。身為動物，他的一切有賴於自然之神；身為人，他在自己創建的國度裡擁有主宰權。

就在此刻，人的宗教降臨，人透過「無限」（infinite）的觀點才眞正地認識了自己。《阿闥婆吠陀經》（*Atharva Veda*）有段經典文字這麼說：「公正、眞理、努力、王權、宗教、冒險、英雄、成功、過去與未來，存在於盈溢超凡卓絕的力量當中。」

有形之物還是有所限制，就跟雞蛋的蛋殼一樣；自由存在的空間則是沒有邊界的，它是不確定也看不見的。如果用物理或物質的尺度來檢查，可能量不出宗教的內涵；它存在於我們人類的盈溢當中；盈溢如同大氣，源源不絕地引動光與生命之間的循環，同時也帶來快樂。

我在一首詩裡頭說過，離開母親子宮的嬰兒才會理解母子關係的本質是自由。

★編按：surplus，在此隱含人的心裡可以有比自己更多的東西。

不受拘束的人類才明白自身和天地宇宙間更深也更爲寬廣的連結。人在道德生活中有責任感，也具有自由的意識，這是美德。在精神生活中，合一感與自由意志的交會之處，便是愛的所在。生於自然界的人結合自己和自然的力量，贏得了機會的自由。人透過承擔群體的責任取得了建立社會關係的機會，個人也受惠於過程中形成的集體力量。能夠自由自在感受的人，理解與大我連結的意義之後，在奉獻的人生中找到成就感。而這樣的人生充滿不斷前進的眞理以及恆久不渝的愛。

人首先達成的解脫是物理性的。這表示人不必在有限的生理範圍內累積感官與肢體力量，這是沒有侷限的自由，人因而受惠無窮。大自然最初只打算送給人類比眼觀四面再強一點的視力。若要在頭上生出如天文望遠鏡般的眼睛，就會陷入過去體型競爭的死胡同。時時刻刻把房子扛在背上的蝸牛，必須讓身體的組成、外形和重量，一一符合房子的規格。幸虧人類的房子不必像蝸牛一樣蓋在身上，重壓自己的肌肉骨骼。這個解脫剛好爲人們的天賦移開所有的障礙，展現前所未有的創造力。換句話說，住所不必連在身體上，反而使人類得到全然的解放，蓋房子的人得以在他創造的作品當中追求永恆。人屋分離之後，時間與精神多了，個人的丁點需求得以拋開，轉爲追尋普世價值，最終造就了建築學。

我說過單細胞在過去某個時期開始集結，形成大型的有機體，構成生命的雛形。這個過程並非單純的聚合，而是交互關係的奇妙整合，性質相當複雜，在功能和型態上都出現細微的區別和分工，其中的奧妙我們可能永遠無法確切理解。生物體內的組成不盡相同，但絕不會破壞那股使它們團結並共同運作的凝聚力。生命作爲一個整體，成長是它的目標，爲了實現目標，每個單一成員必須全力運作，至死方休，再由下一個新成員接手把任務繼續下去。每個成員對整體的成就都有所貢獻，卻不能把功勞全攬在身上，因爲這個歷程還沒完成，歷史還得繼續下去。

在所有的生物中，只有人類的多細胞發展達到了完美的和諧境界，不僅在於生理層面，還包括人格層面。數百年來，人的演化著重在意識面，試圖突破個體化的限制，也希望理解自身與人類整體的關係。這層隱約存在於天性中的關係，也朝著自我察覺而努力。人類形體的演進，是在與物理世界的完美交流中追求效率；而意識面的演進，目標是在與人格世界的完美和諧中追求眞理。

有人說，人性（humanity）是個抽象的概念，其中有相當高的主觀成分。我們必須承認，生命存在的眞實性與客觀性無法向其組成的成員證明。原因在於它們作爲整體的一份子，無法跳脫出來看。我們身體內的細胞各有各的生命週期，永遠沒有機會做全面的觀察，也無從得知身體的過去、現在與未來。如果這些細胞有推理論證的能力（也許有），它們便有權主張身體根本沒有客觀的基礎，而且雖然細胞之間有某種神祕的吸引力，會互相影響，但缺乏實證上的眞確性。唯一能夠證明的現象，只是那存在細胞與細胞之間，無法越過或加以連結的間隙。

我們約略知道一個由原子爆炸形成的體系，個別的原子在相較於其微小體積的碩大空間裡旋轉。我們所不知道的，是爲什麼我們看到的原子是一塊固體的放射性礦物。如果現在有人能夠一眼望盡無數的人們活躍其間的那段漫長時空，看到人們共同參與歷史的軌跡，他會看到人與人團結一致，而不是一個分崩離析的悲傷面貌。

如果我們只用原子的觀點來看一塊鐵，那麼這塊鐵的存在便無法證實；只有在我看到鐵，它在我所能察覺的範圍內具備鐵的特定反應模式，我才能證明鐵的存在。假使獵戶星座上有個外星人，他的視力能看到原子，卻看不到鐵，那麼當他堅持我們人類都有視幻覺症，誰也不能說他錯；但也不必跟他爭論，只要繼續使用我們眼中的那塊鐵就好。見者說「我明白了」，於是他的生活便依循著他的所見過下去。雖然我們的眼可能是盲的，卻也未曾謙卑地垂首。

姑且不論我們的思考邏輯如何爲人類團結的事實命名，我們在他人身上實現自我之際會感受到莫大的喜悅，這就是愛的眞諦，這項事實終究無法抹滅。愛證明了大我的存在，也是人類達到圓滿境界的表現。愛帶來一片無垠的大地，在那裡我們不會屈服於飢餓、咆哮、尖牙利爪，不會被有限的物資所奴役，也不會被殘酷的妒意和卑劣的欺瞞所壓迫，因爲那裡的共鳴與合作會產生人類最偉大的精神資產；在浩瀚的智慧之海追求知識，無畏根深柢固的禁忌，努力充實自己以服務各個地區、各種膚色的人們。愛之神安住在沒有邊界的盈溢之境，讓我們的意念超脫自我分離的虛幻桎梏；愛之神一直在人類世界中傳遞祂的啓示。這是文明的精神所在，這份精神訴諸最高的人性，讓團結的凝聚力帶領我們邁向眞理，換句話說，就是公理正義：

祂是唯一，超越顏色，以祂偉大的力量滿足所有膚色之人的天生需求；祂是世界的起點也是終點，祂超凡入聖，盼祂使眾人團結，和平相處。

三　人的盈溢

The Surplus in Man

《阿闥婆吠陀經》裡的詩人討論了「人」的概念，透露出一些先驗的意涵。這段內容的譯文如下：

是誰賦予人類形態、尊嚴、動作姿態和性格表現，以智慧、音樂和舞蹈加以啓發？當人的身體往上長時，看到了斜邊還有其他每一個方位——就是那個人，永恆存在的個體所安住的堡壘。

他們稱他者老，然而他是新生的，即便在當下，在今日。

人類才剛出現，對於自然之神訂的規矩毫不理會，堅稱擁有軀體構造的自主權。人走到演化之路的某個轉角時，決定不當四腳生物，身體也擺出堅決不再順從的姿態。毫無疑問，自然對所有陸行哺乳類的規畫，是大家都有四隻腳，平均分攤修長軀幹的重量，頭則長在軀幹的一端。這是跟地球商議後的結果，因爲所有物體的移動都受到重力的影響。而人竟然會拋棄這麼合理的安排，證明了違逆天意、改變體格是與生俱來的人性。

如果我們看到一張桌子不是四隻腳站立，而是兩隻腳站著、兩隻腳可笑地掛在旁邊，一定會感到奇怪，想說這個家具不是做壞了，就是木匠突發奇想的惡作劇。人類改變骨骼構造的不合理行爲，讓我們很難不去推測，當初人在誕生時也許受到偏離自然軌道的彗星爆衝所影響。但人類堅持這樣的魯莽行爲並非偶然，即使因爲背棄其他動物嚴守的法則而付出代價也在所不惜。讓全身肌肉維持平衡的工具，他竟割捨了一半，欣然接受嬰兒時期要在有限的支撐下蹣跚學步，過著驚險日子，而且終身都得面對意外跌倒的風險，不是悲劇收場就是鬧笑話。守規矩的四腳動物根本不會碰到這些麻煩。四隻腳能確保安全，人卻寧可冒險也不肯守住這份安全感，不願意每一步都向地上的塵土低頭。

直立帶給人類身體姿態的自由，讓我們可以輕易地往任何方向轉身，在眾星拱月當中成就自己。在自然界，動物們沿著一條狹路單調地前進，而人則是擁有一個擴大的圓；位在中心、眼觀八方的人找到自己的價值，也在圓周的範圍內實踐自我。

一項自由會引出另一項自由，所以人的視線也隨之擴大了。我不是指眼力增加，畢竟再怎麼說，很多掠食性動物的眼睛具有絕佳的光線調適能力。我指的是人處在瞭望塔般的有利位置向外看去，不只獲取事物的方位訊息，還能觀察到事物間的關係與一致性。

人因採取直立站姿所得到的軀體自由，最大的好處就是把雙手空了下來。我們的身體器官當中，雙手是最尊貴的，因爲他們展現出技藝、優雅的風姿、從事各種有用的活動，甚至包括實用性之外的所有才能。他們與雙腳保持距離，曾經只有搬運的功能，就像低階的挑夫一樣，但後來逐漸從低階工作向上提升，變成我們重要的「左右手」。我們不把兩隻臂膀放在身體下方，而是擺在身旁，以協助我們跨過動物天性的藩籬。

人的視線自由與行動自由，一直伴隨著充滿想像力的心智自由，這一點是我們身體機能中最具人性的特色。創造力的存在，目的是幫助造物主未完成的作品，這個作品沒有包裝、沒有打扮、沒有防身盔甲、沒有武器，更慘的是受心智所支配。心智是豪放不羈的，執著在空無一物的世界向理想境界前進。人就像藝術家一樣有犯錯的自由，也能在身心飽受磨難之際依然冒險犯難。對於天眞質樸、視紀律於無物的凡人來說，自由是一份神聖的禮物；也因此，人的創造之路上，受傷的痕跡處處可見，追求完美的過程中經常出現令人驚異的奇特景象。但不變的是，創造有一個清楚的目標，這個目標既不存在任何人的奇思怪想中，也不會只侷限於實際需求。

人類的視野讓我們在望向四周的同時也看到自己；同樣的，想像力讓我們強烈感受到，我們要過的人生必須超越個別生命，去挑戰只求自保的生物性。想像力在盈溢的層面才會起作用，在日常生命機能保護區的外面，另外加蓋尊榮客房，迎接人類胸懷世界的氣魄。當我們的心智不被自己的生物性困住，維持獨立自主，就享有作主的權利。因爲自由的心智是神聖的，足以與神同在。

從不同面向獲得的眞自由，都會讓實現自我、取代那個自我的道路更加開闊。自然爲了確保生命安定所設下的種種限制，讓生命變得了無新意，這對動物來說或許不錯，但不適合我們。人有責任活出自己，如此才能活在眞理之中。

自由形成的過程中會引發一些比明顯的目的更進一步的想法。自由是爲了展現無限；它替自己設下限制，但絕不讓限制僵固不變，而是一再突破限制，無限便在一次次的驚喜中展露無遺。這是一段不斷重生的歷程，一連串嶄新的起點和挑戰，伴隨著眞理趨近完美的和諧。

——

在奮戰不懈之中追求偉大的人類文明，總會歷經突如其來的分歧，而場景幾乎都發生在大災難之後的冒險行爲；這些變動不僅是花開花落的季節式思想更迭，而是埋有伏筆，足以激發革命性變化的意外。這些改變當下的思想是非常活躍的。所謂思想活躍是指以行爲與心理習性、符號、儀式和裝飾爲基礎，積極地整合不同思想的範疇。然而，不論在何方或何時的革命有多麼慘烈，改變都不會完全脫離一個中心思想，因爲革命的歷史歸宿是一樣的。

在印度或中國、波斯或朱迪亞（Judea）、希臘或羅馬等地興起的文明，就像幾個山頭，儘管高度、溫度、植被不盡相同，卻是系出同源，彼此的聯繫沒有絕對的障礙，他們共享地基，共同影響著大氣中的氣象。這即是偉大的導師所言，當全人類沒有得到救贖，自己不必尋求救贖；因爲大家是共同體，團結使心胸偉大之人直接得到啓發；他們立即接收，也體現在生命中，正如「我與至高無上者、不朽者和完美者同屬一體」。

人肩負著自我創造的任務，照著他認爲放諸四海皆準的概念，塑造眞實自我的形象，也相信這樣的表現會通過時間的考驗。只是從生物存續的觀點來說，這樣的考量完全沒有必要。這代表人要爲一個不受軀體所限的人生而奮戰。身體的生命經驗可以在過去的記憶中找到些許的一致性，但理想的生命則存在於前瞻性的記憶中。從出土的文明紀錄中，我們看到前人爲了留下痕跡使記憶不致中斷所做的卑微努力，包括有個孩子把一艘紙船放入水面，讓船載著他的夢想駛向遙遠的未知之境。人爲什麼想做這樣的事？這是因爲我們本能地嚮往一種能夠與每個人和每個時代連結的理想人生，而要達到這個目標就必須實現永恆而普世的眞理。而眞理體現的要件，就是備齊絕佳的要素以及具恆久價值的作法。身爲凡人，我們要向這份不朽致敬，即便得爲此付出比讓自己活下來更多的力氣，有時用盡力氣後甚至得獻上性命也在所不惜。

未開化的原始人想像的自我形象，離不開炫目的妝扮、華麗的衣裳、令人目不暇給的配飾，甚至是誇張的奇裝異服，他努力讓自己提升到具有高貴氣質的理想典型。原來的他，生來就帶著自然加諸在身上的種種不便，因此他不喜歡自己的樣子；他總覺得除了現在的自己，一定還有什麼會帶給他存在的價値感。這就是力量的起源；根據他當下的心理狀態，這股力量就是他的歸屬，一份全然的眞實存在，他全心全意去體現這樣的力量，即使用自身的快樂安適來交換也願意。

他的投入使他與他所信仰的神合而爲一，因爲神對他來說就跟這股力量一樣強大。這個粗人花費極大的力氣，有時飽受折磨，就是想讓自己展現使人無法忽視又特出的力量，加以無情的殘酷行爲，放縱到近乎膽大妄爲。這些粗鄙而浮誇的外顯行爲引起聚落同伴的敬畏，進而生出一種美學上的滿足感，因爲這個人啓發他們對理想人類典型的想像。他們眼中的他已經不是單一個體，而是象徵他們每一個人。因此，即便吃了不少苦頭，大家依舊心甘情願順服他的誇張表現，接受他荒誕不經的強烈意志所支配。這些人透過各種神將自己天馬行空的想法具象化，認爲神強大的形體與性靈力量是來自特殊的生理結構、狠心強索獻祭者鮮血的行爲，還有毫無規則可循的賞罰方式與對象。事實上，這些神絕不會有任何猶豫不決，以及被現今充滿男子氣概的知識份子譏爲感情用事的同情心。

不管多麼殘暴，這證明了人能察覺到某種超越自我的存在。他知道自己並非不完美，只是不完整。他明白自身還有待實現的價值。這點並不讓人覺得奇怪，因爲我們很容易便明白殘暴的行爲並不是絕對，就跟地平線一樣是有限度的。這個想法在他內心深處召喚那無法用知識或邏輯加以分析的眞理。任何來到世界上的人都不會質疑這名先驗之人的眞實性。對「人」的瞭解愈來愈深刻之後，我們找到不同的評估尺度，發掘了深度和喜悅的美好，外顯行爲也愈能莊重自持，不再庸俗、激情，或基於外觀、顏色、言語、行爲而施以暴力或陰暗的恐怖行爲。

每一個時代都會在其偉大的表現中顯露出夢想者的性格，傳進風起雲湧的後世，跨入永恆的人類歷史。這些表現雖不必然是我們理解的宗教，卻可以間接地歸類爲人的宗教，因爲這些是每個人身上的大我意識的產物。大我意識表現在科學、哲學、藝術、社會道德，以及所有具備基本價值的事物中。這些都是眞正的心靈的，應該納進獨一無二的人的宗教範疇裡面，以展現人類爲達完美之境，盡全力追求偉大的思想、行動、夢想和流芳百世的藝術作品，同時也展現人追求更高的存在尊嚴的渴望。

我曾經有機會造訪古羅馬遺跡，那是人們嚮往無窮的見證，令人深思的場景。偉大的羅馬帝國不正是透過創造與想像，使先驗的人道精神得以展露嗎？當時帝國的理想，不僅僅是抒解人口過剩的壓力或開創帝國商機，在羅馬人的性格中還存在一種高貴情操，他們在靈魂深處盼望創造出一個能匹配理想人類的世界。羅馬人的表現正可以回答一個不朽的老問題：**人之所以為人，所為何來**？任何嚴肅的回答都免不了涉及宗教，不管是什麼宗教；究其根本，答案都不可能僅適用特定人群，而是我們全體。羅馬人念茲在茲的歷史定位是世界的創建者，所以他給出的答案也許不是最好，可是「偉大即快樂」（greatness is happiness itself）的信念依舊展現了人類堅毅卓絕的氣魄。

雖然帝國最後四分五裂，但它推崇人性的信念一直都是人類史上重要的一頁。這才算得上羅馬的中心信仰，只是在正統宗教體系的掩蓋下隱而不彰，後來淪爲情感上的消遣，也缺乏靈性上的啓發。事實上，羅馬社會信奉的神學在深度上遠不及他們的人格和彰顯普世人性的信念，因此神學理論會跟這個信念有所衝突。我們應該追尋這些人與其他人的信仰，不是對神的信仰，而是對全體人類的信仰。人類對無限懷抱著夢想，一直是不畏危險或不惜性命，虔敬地努力著。

隨著生命界原本晦暗的意識逐漸清晰，直到意識變成人的自我的中心，人類歷史精采的篇章便迅速展開。這段歷史記錄了人對於「我是什麼」這個問題所做出的各種回答。人不像動物那樣容易感到快樂或滿足，因爲人的快樂與平靜取決於他對這個問題的答案。動物只要具備滿足生物需求的生理效率，就是一隻成功的動物。比方說，鱷魚如果能活得像隻天生的鱷魚，牠就會露齒而笑，不會抱怨。人也應該活得像個人才能獲至眞理，這聽起來是老生常談，只不過人依舊不解，甚至困惑地問：「怎麼樣才算活得像人？我是什麼？」老虎的腦海中不會出現「老虎的本質是什麼」這樣的問題；當然，牠也不會根據自己的品味來挑選外皮的顏色。

人類花了數百年的時間在討論人的本質，而且直到今天都還沒得到結論。人不僅沒有遵從天性，反而創造出複雜的宗教體系，讓自己接受一個「我不是我，還有更好的我」這樣的悖論。做這些事有個重要的意義，那就是爲了徹底瞭解自我。於是有宗教信仰的人便發展出存在（being）的概念，這個存在超越了人，但兩者之間具有緊密關聯。不同的宗教在細節與道德意義上有所差異，除了一個共同的傾向：追求至高價值的人格，並稱之爲神性（divine）。過於強調科學的心智對此是大加嘲諷；只不過心智應該明白，宗教基本上並非無限，甚至也不是抽象的；一旦心智碰觸到人性中的神性，它就會發現自己也在裡面，否則它就沒有存在的理由。

不得不說，這樣的人性要素會爲我們的宗教帶來一種危險的想法，其結果很可能是犯了不智、道德上可議、美學上可憎的錯誤。這些想法全都不對，就像社會學、經濟學或政治學的錯誤一樣，扭曲了人性的眞實面，所以都該被挑戰與推翻。眞理必須用人類完美的標準加以檢視，不是用老是逃避人類良知審判的武斷命令來決定。

朝這個方向出發的偉大革命將從根本改變我們的態度，進而成就偉大的宗教。宗教的興起幾乎都來自反抗非人道教條的行動，抗拒已然僵化的儀式以及蠻橫專斷的控制。我曾經說過，這些教條是權力的邪教，不是在幫助人們尋找眞理，趨近完美，而是透過占有和怪力亂神，使掌權者變得可怕而令人畏懼。

這樣的論述對我們的先人可能有失公允。他們對權力的膜拜除了實際考量，也許某種程度上眞的將之視爲眞理，而他們自己的力量跟這個眞理有了交集，也在其中得到滿足。他們必定認爲這份力量正是超越自然的意志力，而不是神智不清時糊裡糊塗撿到的正確解答。因爲假如他們是不經意、不帶情感也沒有目的而膜拜某個抽象概念，肯定是愚蠢至極才會有如此表現；事實上，他們的人格遠高於這些行爲表現。

四　心靈的合一

Spiritual Union

當人的生計之急稍降，就有餘裕思索自我的奧祕，他一定會察覺到，眞實人性與無限的人性世界之間的連結，並且有它完美的典型。人的宗教起先建立在宇宙的權力之上，然後層次逐漸提升，最後立基於眞實人性。但我們絕不能認爲這是窄化了對無限的理解。

消極地看待無限，只不過是把事物的極限做不確定的擴大解釋或無限的遞延。有人說，我們的世界是有限的空間，這是數學推演出來的結論。但我們並不會因此覺得難過，即使直線不斷延伸到最後不再筆直而是回到起點，我們也不會短少什麼東西，更不會因此小看了宇宙。印度教經典把宇宙比喻爲一顆蛋，因爲對人的心智來說，宇宙的邊界是圓的。不僅如此，經典進一步主張時間也不是連續的，世界反覆地運行到終點，再展開下一次的循環。換句話說，在時間與空間的範疇裡，無限是由反覆循環的有限所構成的。

然而，從積極面來詮釋，萬物一體即無限。以萬物一體的角度來看，群體不是把不同東西集合在一起的容器，而是無所不在的內在完整性，超越個別性，就好比蓮花之美，令人讚嘆的是整朵花，而非花的各個構造。群體不是數量的擴張，而是強大的和諧感。這層體會使我們對無限產生眞實感，它就存在我們的喜悅與我們的愛之中。萬物一體即幸福，那是無邊的愛。靈性昏鈍的人實現欲望的方式，是透過實質上的占有和緊抓不放。這種大量取得的渴望會變質為盲目追求數量上的增加，而非對偉大的嚮往。眞正的心靈實現不是透過財產規模。其實，當我們與周遭建立更深厚的連結，有了一體感，無限就顯現了，所以我們只能透過內在而不是從物理空間去領悟。

無限與永恆，稱之為一。

「不生不滅者，超脫宇宙之疆」，此即謂之「人」。

瑜伽（Yoga）這個詞原意為實現合一，清楚地展現了印度宗教抱持的態度。合而為一的意思不在於**擁有**，而是**身在其間**。擁有眞理意味著擁有者與眞理各有各的存在，而身在眞理之中指人與眞理合而為一。有些宗教在處理人與神的關係時，會向追隨者保證，信仰夠虔誠者將得到獎賞。這個獎賞的價值具有目的性，它給我們某種外在的理由去追求某一條特定的路徑。我們在印度也有這類的宗教。但那些進入更高境界的宗教才會把與上主（*Narayana*），即人的至高眞理，合而爲一視爲追求的神聖目標。

透過人的心智沒辦法做到與神聖的至高眞理合一，因爲心智在人體組織裡面是個斤斤計較的部門，在人的理性範圍內發揮節制意識的功能，以便與現象世界維持互動關係。瑜伽的目的就是在幫助我們跨越心智設下的藩籬。當藩籬突破之際，我們的內在自我便充滿喜悅，而透過這樣的自由，我們得以觸及眞理，因爲眞理就是終點，是極樂。

人沐浴在普照大地的光芒下，廣闊無邊的視野油然而生，於是他對著太陽膜拜，也獻上祭品朝著火源敬拜。時間獨特的性質讓人體悟生命的無限，於是他說：**「所有的存在皆源於火並在火中盤旋。」**他對這樣的理解有信心，因爲他感受到生命的奧祕主宰著他存在的目的、他的主觀運作，以及他所有的行動。他對於眞理的詮釋受到生命的啓發，而非其他無生命的事物。他又進一步探索存在的意義，得到一個結論，**「無限的本身即為愛」**，是永恆的喜悅。出於對無限的領悟，他展開了宗教之路，起點從自然的「天」開始，因爲光亮自天而降；接著前進到生命，代表自我創造的力量；最後的終點在「人」，無窮盡的愛之所在。**「去認識等待被瞭解的人」**，**「如此，死亡便不再令你悲傷」**。這個「人」不生不滅，他集合了每個人眞實人性中的不朽。經典中對他的描述是：**「這是天賜之人，世界之工，存乎所有人心中的偉大靈魂。」**

「瞭解他，必能穿越死亡阻礙。」要做到這點，無關乎時間長短，而關乎眞理的實踐。

眞理存在世間所有的活動中，也住在人的心中，因此我們與眞理的融合，絕不會是消極的合一。要與眞理結合，我們必須放棄自私自利的行爲，成爲「世界之工」，也就是要爲所有人作工。我雖然用了「所有人」一詞，但不是指數量多到數不清的個人，只要本質良善，再小的善都具有普世的積極價値，這便是實踐爲全人類揚善的「世界之工」。爲了要跟「偉大的靈魂」（the Great Soul）結合，我們必須培養能夠與所有人內心相互呼應的心靈。這個觀點有助於我們瞭解佛陀的無量心（四梵住，Brahmavihara），他說：

無敵意，無危險，無精神的痛苦，無身體的痛苦。宛如母親守護獨子，對所有生物持大愛。

在汝之上、汝之下、汝之四方，對世界一切充滿憐憫與大愛，不阻礙、不傷害、無敵意。

行住坐與臥，無有疲倦時，善安住此念，此即謂梵住。

這證明了佛陀所持的無限的觀點，不在於從事廣大無邊的工作，而是仁慈與愛的入世理想，這才最能貼近人性。當你展現寬容、助人與愛人的情懷時，星辰或岩塊不會有變化，所以你只能在人類身上實現無限。佛陀認爲涅槃（*Nirvana*）是境界最高的目標。欲瞭解涅槃的本質，我們必須知道如何達到涅槃。它不只是去除邪惡的念頭與行爲，而是消除所有足以阻擋愛的路障。這代表了自我在眞理（也是愛）的昇華，是愛讓我們走向那些需要憐憫和扶助的人。

有人向佛陀請示存在的最初目的，佛陀嚴肅地回說，這是既不重要也不相干的問題。佛陀應該是認爲這不在人類追求的考量當中。也許在哲學或科學的領域值得探討，但它與人所遵循的法則或內在本質沒什麼關係。愛在人性中等待被實踐，所有的付出都會得到永恆的回報，即使燈滅了也不是損失，因爲還有太陽的光平等地普照眾生。那麼聽到偉大導師這番話的人，是聽到這些話才瞭解這些道理嗎？不然，他們是從他的講道和言行中直接體悟人類的終極眞理。

所有偉大的宗教在其發源歷史中都有一位代表人物，藉由他們的生命展現眞理，不是浩瀚宇宙與道德無關的眞理，而是人性與良善的眞實存在。他們使宗教脫離怪力亂神，並將其帶進人的內心深度，使宗教的實現增進了全人類的幸福，不再是少數人獨享的好處。宗教也不是爲了讓某些遺世獨立之人體驗入定的狂喜而存在，而是使各種族的人心得到解脫。這些人以使者之姿來到世上，告訴世人，唯有和永生者達致完美的關係，才能得到救贖。不論他們提出的教義爲何，有些也許還是特定時代與傳統的產物，但他們的生命與教誨具有人類存在更深一層的意涵，那就是存在於人、父親、朋友、愛人當中的無限性；只有透過事奉全人類，事奉才會圓滿，因爲隱身於大我的神能否實現，取決於人展現的事奉與愛。

有人在古印度樹林間的樹蔭下問了這個問題：「我們獻上祭品敬拜的神究竟是

誰？」

這個問題我們依然得回答。在回答之前，我們應該懷抱著深沉的愛意與成熟的智慧，帶著感情，也帶著科學觀，帶著創造的喜悅及伴隨著勇氣的痛苦，先理解人是什麼——**「在犧牲中欣賞他」**（*tena tyaktena bhunjitha*），出於愛的犧牲；**「勿貪求」**（*ma gridhah*），因爲貪婪會使你的心陷入幻想，使你脫離眞理，而原本的你在眞理之中就代表著**「至高無上的人」**（*parama purushah*）。

貪婪讓我們的意識轉向物質享受，遠離至高無上、象徵無限存在的眞理。心靈之河退潮後留下的凹穴，我們試著用源源不絕的財富來填補，可是這些事物雖能填補空虛，卻缺乏團結和再創新的能力。空隙也許被光彩奪目的事物暫時遮蔽，但只要一時不察，我們的重量便足以引發令人措手不及的坍方。

然而，眞正的悲劇並非存在於物質安全受損，而是存在於人的蒙昧不明。人在心靈的創造性活動中，將周遭環境視爲他更大的自我，充滿著生命與愛。但是他可能生出野心與貪婪，自我因冷酷無情的行爲而降格。爭名奪利的世界不但影響內在本質，還昧於現實地主張宇宙是一種抽象體系。在這樣的世界並不存在眞實的自由

（*mukti*），它是個暗無天日的牢籠。不管怎麼看，我們的世界是個具有客觀事實的封閉世界；就像一顆有堅硬外殼的種子。但是在封閉當中，我們正在爲了自由無聲地哭泣，即使自由的可能性微乎其微。當某些強大的誘惑過度膨脹乃至僵化，塑造人類文明的熱情就如同種子失去發芽的熱情一樣，也會死去。眞實的自由只存在理想之人的眞實中。

五

先知

The Prophet

我在本書一開始便表明，透過我們的感覺、理智或想像而與我們連結的宇宙，必然是人的宇宙。當有形的自我以正確的知識和行爲與有形的世界互動時，便獲得了力量與成功。人從奧妙的宇宙現象歸納出的自然法則，都與人的理性相互呼應。遠古時期，人與外在世界的物質往來與其他物種無異，都是爲了維繫生命。正因如此，人類最初的宗教性表達也從自然界出發，那是源自對自然力量的驚嘆，企圖透過神奇的咒語和儀式，爲自己和部族求得這股能量。換句話說，此時的宗教，是人藉由施展本身的力量以便享有美好的自然神力。接著，人有了更多時間，他將注意力深入內在本質，解開人性之謎成爲人最關心的一件大事。人的本我（personal self）本能地去實現更高層次的人性的眞理。在宗教史上，探索人性的本質歷經了許多變化，就像我們瞭解物質世界的歷史一樣。人們敬神的方式也隨著這些變化而有所不同，但進化的方向是從外在形式和神奇魔力轉爲重視道德與靈性。

人的宗教的第一起重大改變，始於波斯祆教的偉大先知瑣羅亞斯德（Zarathustra）。他在當時引發了一場革命。之後，歷史在印度重新上演，宗教鬥爭的歷程一一記載在古印度史詩《摩訶婆羅多》（*Mahabharata*）中，奎師那（Krishna）之名與《薄伽梵歌》（*Bhagavadgita*）的教義皆出自於此。

伊朗重大史實中最引人注目的，當屬瑣羅亞斯德引發的宗教改革。幾乎沒有人會否認他是目前所知，爲宗教賦予道德特性與明確方針的第一人，他鼓吹的一神論也塑造了行善即完美的典範，奠定宗教恆久不變的本質。所有宗教的開端不外乎規範人的外顯行爲。瑣羅亞斯德是最偉大的先知，他爲人類指出通往自由的道路，使我們得享遵守道義的自由、免於盲從無理訓示的自由，以及免於多神崇拜，維持信仰專一而純潔的自由。

良善的行爲出自良善的動機，這句話在今日聽起來是陳腔濫調，但這個道理對從未受啓蒙的人們來說，不啻是黑夜中的一線光芒，只不過到目前爲止，這道光還未能照拂到人類社會中所有陰暗的角落。所以我們依然看到有些人因恐懼而信仰，以爲拘泥於形式便能得到某種益處，講究表面而缺乏實在的道德底蘊。相形之下，瑣羅亞斯德的不凡之處便自然凸顯而出。雖然身處缺乏理性的黑暗時代，周遭充斥著幻術迷信者，瑣羅亞斯德表明宗教的本質存乎道德，而非出於虛華無實的外在儀式；宗教的價值在於支撐人們過著具備善思、善言與善行的生命。

蓋格博士（Dr. Geiger）表示：「先知將他的宗教描述爲『前所未聞的言論』《祭儀書 31.1》（*Yasna* 31.1）或『玄妙之義』《祭儀書 48.3》，那是因爲他知道他的宗教與當時其他的信仰非常不同。他所預告的天啓對他來說不必訴諸情感，不再只是模糊的預感和神性概念，而是關乎智識，關乎靈性感受與知識。這點之所以重要，是因爲古老宗教的基本教義大概很少能像《讚偈》（*Gathas*）★一樣，明確地指出宗教是一種知識或學問，是發掘眞理的科學。不信者無知；相反的，信者因爲洞察此點，所以是明智的。」

順道一提，在印度宗教的思想史中，貫穿整部《奧義書》，靈性眞理這個概念不斷強調「知識」（*vidya*），及其反義詞 *avidya*，指的是接受不理性的錯誤。

眞理的外在表現會透過內在實現而趨向極簡。眞正的簡單是完美的表徵。人類在靈性成長的初始，不太容易覺察到生命與世界奧妙的無窮盡，也無法確實體會人與眞理之間的關係，所以最初只有恐懼或欲望，這兩種感覺都會使人陷入過度的崇拜與狂熱的儀式主義。詳盡記載瑣羅亞斯德信仰的經典《讚偈》隻字未提崇拜儀式，而是強調行爲和驅使行爲的道德動機。

在古伊朗，傳統的波斯人拜神時會採牲祭和血祀。公開挑戰這些儀式的瑣羅亞斯德不但展現勇氣，也顯示他具備理解至高無上的存在（Supreme Being）即心靈的能力。據說希臘哲學家普魯塔克（Plutarch）曾說：「瑣羅亞斯德教導波斯人將『誓約與感恩』獻給阿胡拉・馬茲達（Ahura Mazda）†。」建立在血腥祭儀之上的信仰，與視培養道德與心靈純淨爲敬神正途的信仰相比，有如天壤之別。瑣羅亞斯德是第一位跨越這個間隔的人，那份深信不移的體悟爲他的人生與言論帶來信仰的熱度，令人讚嘆。洋溢在他心中的眞理不是他看書得來或向老師學來的，他也從未遵循任何的傳統習俗。眞理的降臨，彷彿是他的生命整個被照亮，泛我（universal self）和自我（personal self）開始交流，所以他立刻道出這份領悟：

當我想到祢，馬茲達，我視祢爲最初也是最後，無比神聖，祢是善念之父，眞理與正義的創造者，審判我們一切作爲之神，於是我的眼中便留下了祢的位置。

——《祭儀書 31.8》（D. J. Irani 譯版）

★譯按：祆教的經典。
†譯按：祆教的主神。

當心靈被觸動時，他說：

於是，我宣告至尊至大的到來！我以眞理爲祂編織讚美歌，所有生物雨露均霑。讓阿胡拉用心聽取讚美歌，良善的心智提醒我敬拜祂；藉由祂的智慧，我們學到什麼是上上之道。

——《祭儀書 31.8》

眞理不是透過推理分析的過程而得到的，也無須憑藉外顯事實、普遍信仰和習慣來支撐，眞理就像你受到周遭事物觸發而得到的靈感一樣，你確實相信眞理來自內在的神聖智慧。悟出眞理的人是特別受到啓發者，因此有責任成爲傳播神聖眞理的媒介。

人跟神打交道時，如果他認爲神只會把好處發放給那些懂得取悅祂的信徒，他便會想盡辦法將神據爲己有，或只跟自己人分享。然而，當人領會了道德天性，也就是神的人性，在他的信仰裡悟出神性自我（divine self），神就不再是需要人刻意討好才給予庇佑的外來者。對神的覺知，不但超越種族界限，也使所有人類結合在神聖的和諧中。瑣羅亞斯德是讓宗教超脫自古以來狹隘定義的第一人，讓原本專屬於某個氏族或某群人的神，爲普天下所有人共有。這是宗教史上的偉大成就。當大師證悟時，他說道：

斯拉翁加（Sraosha）★帶來理性，我因祢的教誨產生智慧時，便確確實實地信仰祢，阿胡拉．馬茲達，至高至仁之神。即使任務艱鉅、強敵來襲，我必將祢的福音傳遍全人類。

——《祭儀書 43》

他向馬茲達祈求：

阿胡拉．馬茲達，請如實告訴我能裨益全人類的宗教，奠基於眞理的宗教將在我們之中廣爲彰顯，這樣的宗教讓我們懷抱虔敬之心，從事守序與正義的行爲，也讓我們期盼理性，祈求馬茲達的神啓。

——《祭儀書 44.10》

★譯按：祆教天使之一。

瑣羅亞斯德深信馬茲達能使人直視眞理，便對著世界宣布：

> 凝神細聽，你們這些從四面八方前來此地的人，現在我要開講！反覆思考我說的話，用心惦量話中傳達的意義。惡神絕不能再度破壞這世界，因爲他的嘴被消音，他的詭計亦被揭穿。
>
> ——《祭儀書 45.1》

我們能毫不遲疑地說，這樣的宗教概念以如此明確的語調論述，堅信那是必須傳遞給全人類的終極完美理想；在文明初露曙光的古早年代，具備這種高度的概念，在各個宗教史來看都是獨一無二的。

曾經有段時間，波斯人跟其他亞利安人一樣，以自然界的元素作爲敬神的對象，但人們不必靠著道德或博愛來獲得神的青睞。這些行爲所代表的，是人們探索自然界力量來源而萌發的科學精神。過程中必然有個更深層的欲望在醞釀著，這個欲望一方面與追求力量的狂熱格格不入，另一方面也暗示了內在的良善美好永遠比物質的增加來得更珍貴。這個聲音起初並不大聲，多數人也沒有特別留意；但它像隱身於種子內部的生機，悄然作功，帶來影響。

隨著偉大的先知降臨，埋藏在他生命與內心的眞理火苗一瞬間竄出，燒成光芒萬丈的烈焰。人類最好的本質歷經數百年的晦暗，靠著一些跡象和低語不斷作功，最後終於發出無法被消音的聲響。這是專屬於人的聲音，不再受制於特定時代或特定人群。這道聲音在寂靜與遺忘、沮喪與挫敗間穿梭，最後挾帶著所向披靡的呼喊重現世間。這道呼喊是在召集戰士對抗虛假，對抗所有使人忘卻追尋更高自由的鬥志而掉進物質陷阱的誘惑。

瑣羅亞斯德的聲音至今依舊響亮。然而，他的重要性不僅在於被歷史學家認爲具學術價值，也不是因爲他鉅細靡遺地指引一小群人該如何過日子。在所有傳道大師中，瑣羅亞斯德是第一位超越時空，以古今中外全人類爲傳道對象的導師。他不是無意間靠著磨擦生熱而點起火光的穴居人，深恐別人也來享用，於是死守著星星之火。相反的，他是守夜人，獨自佇立在東向的山峰上，在旭日從地平線昇起時，爲沉睡的世界大聲唱起光明之歌。他向世界宣布，眞理的太陽爲人類所共有，日光照射之處的人們無論遠近，都將團結一致。然而，這種訊息卻總在那些習於夜間活動、在黑暗中得利的人群間引發敵意。終其一生，先知的追隨者不斷與其他以維護傳統禮教爲名卻無眞理之實的反對者激烈對抗。

傳聞道，「瑣羅亞斯德是王族後裔」，而且最早改變信仰追隨他的正是統治階級。實則不然，像吟唱師、唸咒師等祭司階級，總是成功地把統治者拉到他們那邊。所以我們知道，波斯內部的上層階級在這場爭戰裡是分裂爲二的，就如同在印度發生過的俱盧之野大戰（**Kurukshetra War**）。

信仰的淨化之路在波斯和印度兩地都由偉大的導師帶領，而且路線相當接近，這令我感到歡喜。我們已經看到瑣羅亞斯德是如何昇華奉獻的意義，將以前犧牲必定見血的外在儀式提升到精神的層次。印度的《薄伽梵歌》也記載著，獻祭（*Yajna*）經過轉化，從原始而粗野的形態演進至帶有更深內涵的概念。

根據《薄伽梵歌》，爲了自我約束、自我割捨而採取的無私行動，才稱得上眞正的犧牲。因爲創造是來自造物主梵天（**Brahma**）的自我犧牲，除此之外梵天別無其他目的。正因如此，當我們履行犧牲奉獻的義務時，便實踐了梵天的精神。

奉行瑣羅亞斯德思想的波斯信仰，確實是合乎道德的。這個理想呼籲人們秉持永恆的善念，合力對抗所有的邪惡勢力，彰顯並維繫公正守義的國度喀沙特拉（Kshathra）。這樣的理想爲我們贏得協助神在世間傳遞幸福的地位。

智者認眞思考，一切便明白不過；
盡全力維護眞理者，以言行擁抱眞理者，
是的，那便是祢的得力助手，馬茲達．阿胡拉！

——《祭儀書 31.22》

人類社會總是處在兩股勢力的拉扯中，一股力量拯救我們，另一股力量將我們拉進災難的深淵。我們必須明白這個事實，唯有這樣我們才會瞭解，選擇了正義的道路，馬茲達．阿胡拉將站在我們這邊，這是唯一得到救贖的希望。

這個宗教強調的英勇特質，反應出他們的民族性格，成就後來東征西討以武力創建的龐大帝國。他們以嚴肅的態度接受這個世界，對生命懷抱熱情，對自己的力量充滿信心。在西亞稱霸一方的波斯文化，其影響透過毗鄰的朱迪亞文明傳到西方大陸。他們崇尚的理想帶有高昂的鬥志，相信憑藉著強烈的毅力和勇於犧牲的行動，將在此世獲至圓滿（*haurvatat*），在來世得到永生不朽（*ameratat*）。天堂必須透過征服才能享有，這是西方世界最完美的理想，偉大的戰鬥面貌。而如此神聖的職責是屬於那些在戰役中站在對的一方，手持對的武器的英雄們。

印度史上也有一段英雄史，此時的神聖鬥志是透過梵語文學中最經典的詩作喚醒的。這種奮戰精神近似瑣羅亞斯德倡議的概念。這首詩一開始便點出問題，那就是被惡人侵占的天堂必須由英雄來解救。這是人永遠都必須面對的難題。眞實之神沙提（Sati）與善神溼婆（Siva）一分開，天堂就落入邪惡勢力之手。只有眞與善結合，英雄才能在解救一切眞實與美好的過程中養成。但出於激情的結合觸怒了天顏，結果令人失望。最後是藉著苦行式的淨化，英雄在眞與善合而爲一之後出現，力抗所有邪惡，重新奪回天堂。這是一首描述理想的道德戰爭之詩，詩中首位大先知便是瑣羅亞斯德。

我們必須承認，這個理想對西方人的影響比對印度人來得深刻。在西方，生命的活力得到自然的全力支撐，過剩的精力在無窮的行動中找到樂趣。但不管在世界哪個地方，未竟的理想會是災難的推手，它會在暗中，甚至在一片大好的情勢中積攢實力，先攻擊人的靈魂，再把人推向毀滅。積極的意志力經常伴隨肉體上的強健，人如果沒有服膺理想的責任，很容易受到不斷滋長的物質貪慾所奴役，最後辛苦建造的高塔被利益糾葛的烈焰吞沒而倒塌，一切歸爲塵土。

瑣羅亞斯德的預言提醒我們，所有的人類行動都應建立在一個具有理想性的目標之上，它既是起點也是終點。這個目標是和平，是不朽，是仙樂飄揚的極樂世界，是愛的實現，全都來自努力不懈的善言懿行。

噢！馬茲達，祢握有生命中所有喜樂，過去、現在，以及未來的喜樂，都因祢對我們的愛而降臨。

身處熱帶東方的我們，雖然沒有多餘的體力去從事額外的活動，卻也有屬於我們的理想。我們不需時時處於備戰狀態，而是集中內在心智，安撫欲望引起的騷動不安，最後達到存在的永恆安定與圓滿和諧。同樣的，未竟的理想也會讓我們走向歧途。如同旺盛的活力可能失去內涵，只用相同的材料對著靈魂塡鴨，會讓無欲無求的平靜變成死寂一片；本該提供我們安住的內在世界也成爲一個夢境錯亂的世界。

克制欲想和約束感情只是幫助我們不過度浪費精力並將之導入正常的管道。倘若我們選的管道方向往內，它同時也要在行爲上有所表現，別無所求，只是爲了證明它眞實存在著。倘若沒有這層行爲的驗證，我們的理想實踐過程走上純然的主觀，那麼我們就像夜晚中的沙漠旅人，一直繞著無謂的圈子，卻誤以爲自己依然走在通往目的地的大道上。

這就是《薄伽梵歌》的先知一開始說的：

捨棄一切欲望，無伎無求，無私無我之人，會走向平靜。

但先知不只講到這裡，他接著表示：

將汝之思緒暫存於至高自我，所有的行動都交付給我，放掉被釋放的希望與自我，被消滅的狂熱，加入戰役吧。

行動是必須的，戰鬥也是必須的，但無關乎熱情或欲念，也無關乎傲慢自大，而是追求永恆的任務，求取靈魂的安適，好讓我們與至高無上之神合而爲一。

瑣羅亞斯德的戰鬥教義追求合一。他認爲戰鬥的終點是天堂，是性靈的和諧一致。他這麼吟誦著：

願意親近善良，與眞理相伴的人，決意堅持崇高理想，唾棄憎恨暴力，遠離惡意鬥爭的人，這是仁厚親愛的人，噢，馬茲達，我將帶領他們進入天堂！

詳細的歷史枝節是學者爭辯的主題，卻不是我關注的重點。我是歌者，總是受到天堂傳來的樂音深深吸引。當思潮自東方流傳而來，同時有西方的元素融入，最後形成深厚而和諧的內涵，總令我滿心歡喜。

人在講到物質財富時，會因爲擁有的資產與享有的特權而志得意滿。很遺憾，一些不甘寂寞的人竟把這些傲慢和欲念帶入靈性與眞理的領域。如果中國人證明太陽先照耀著東方，故宣稱太陽屬於他們的，這說法合理嗎？

對我來說，當我發現世間最美好之事都具有普世性，才是最令我感到驕傲的時刻。這些美好扮演著增進和諧的角色，同時避免細微的差異演變成互相傷害的因素。

六 洞察力

The Vision

這本書寫到此，想必讀者們已經察覺，我既非學者，也不是哲學家。所以請不要期待我會旁徵博引，蒐集大量研究或進行辛苦的調查，提出高知識性的結論。引發我對宗教的興趣與重視，是一些信仰眞理之人的經驗。接下來我會分享自己的生命故事。我在成長的過程中實踐生命的宗教，而這個過程並不是透過代代相傳或由他人施加於我才啓動的。

人們克服了氣候限制，把整個地球納爲己用；我們不像獅子或馴鹿只能住在特定的氣候區，我們有能力爲自己創造合適的外衣和溫度，這當然也包括無所不用其極地獵捕原生物種的毛皮並盜用他們的油脂。

人類控制的領土之所以隨著時間演進不斷擴張，得力於記憶。這個能力可以把過去在世界各個角落累積的技能加以連結並觸類旁通。可以說，人們所在的世界是個有歷史、有連續記憶的環境。動物征服時間的方式是透過一代接一代的繁殖，而人的方法是透過心智把進步的軌跡一一記錄下來。人類懂得運用不斷延續的歷史紀錄，從歷史中汲取經驗，再加以回饋改進，因此創造出大量的知識與智慧。

人還有另一個居所，它必須經過內在的實踐而來，價值是難以衡量的。在這裡，人的意識如同種子一般，從心智的土壤底層面向自由那耀眼奪目的核心，出其不意地抽出新芽。於是，個人得以實踐普世人類的永恆眞理。爲了證明這個論點，我要提出自己突發的靈性滿溢的經驗。事情發生的方式，就像地下水流突然間湧出地表一樣的出乎意料。

——

我出生的家庭，在那個時代，是以《奧義書》爲思想基礎，熱切地發展一神信仰。不知何故，我一開始即採取淡然的冷漠態度，絲毫不爲任何所謂的宗教所動。這是個性使然，我從不因爲旁人都相信就去接受某個宗教的教義。即使我所信任的每一個人都相信某種價值，我也無法假裝自己是如此。

所以，我的心智得以在不受拘束的自由情境中養成，那不是任何經典授予的絕對權威，或某個組織嚴明的宗教團體認可的信條所宰制的自由。也因此，任何對我有所質疑的人都有權利不相信我的論述並否定我的想法。就此而言，許多人奉爲圭臬的書籍可能比我個人的主張來得有內涵，因此我並不是要宣道說教。

回首過去的歲月，我似乎不自覺地追隨吠陀時期老祖宗的步伐，同樣在熱帶天空下得到終極來世的啓發。不管是烏雲密布的山雨欲來之勢、狂風暴雨中劇烈搖擺的椰子樹影、酷暑午後的寂靜、太陽在秋日清晨的霧靄後方升起……這些奇觀無時無刻不在陪伴我的心靈。

之後我在婆羅門的入門儀式中，讀到爲修行而做的嘎雅翠（*gayatri*）★讚頌詩，它是這麼寫的：

讓我細細思量造世主的偉業，祂創造了地球、天空、滿天星斗，也賦予我們的心智理解這一切的能力。

這段詩文帶給我寧靜的喜悅。在每日的冥想中，存在感使我的意念與外在世界合而爲一。雖然現在我已經瞭解，人的存在感可以視爲主體與客體完美融合的無限人格，但那時候的我還懵懵懂懂。因此當下引發我內心騷動的思緒並不是很明確，像是處在流動的氛圍中，而只有明確的自我定義才能讓我感到滿意。顯然我的宗教是詩人的宗教，既不是一般人篤信的宗教，也不是神學家描述的宗教。宗教讓我有感的途徑，跟我寫詩時靈感出現的方式一樣，都是無形也無痕的。我的宗教人生的成長模式跟我的詩歌生命一樣，都是神祕且不可思議的。若要我爲這兩種生命經驗下註腳，可以說它們花了很長的時間才把訂婚流程走完，最後以奇妙的方式結合爲一體。只是實際上如何發生，我百思不得其解。

十八歲時，一次意外的宗教經驗讓我彷彿享受到生命頭一遭的春風吹拂般美妙，在我記憶中留下靈性實相（spiritual reality）的直接訊息。那日，我在破曉時分起身，凝視從林中傾瀉而出的日光，瞬間感到籠罩千百年之久的濃霧在眼前消散。世界在晨光照耀下，由內而外散發出喜悅。尋常無奇的事物在此時掀開看不見的面紗，顯露其眞實面貌與根本價值，於我心中留下強烈的印象；那就是美。那次經驗之所以難忘，在於我接收到的人性訊息，它讓我意識到人類世界中超越人性的那一面。驚喜的第一天，我寫下〈瀑布的覺醒〉（The Awakening of the Waterfall）這首詩。瀑布的靈魂因冰封而休眠，只在陽光的觸碰下重獲自由，一瀉千里，在無盡的犧牲中，在與海洋不斷交會之際，找到它的歸屬。四天後，我見到的景象消失

★編按：意思爲宇宙的母親，也是印度韻律詩之一。

了，眼前事物再度退回面紗後面，回到黑暗的世界再度變得黯淡平凡。

再年長一點，我接下村裡一些重要的工作，也在附近住下。時間在鄉村的腳步十分緩慢，生命中的悲喜都以最簡單原始的樣貌出現。但在平靜無奇當中，我還是經歷了一次奇特的體驗。那日，我結束上午的例行工作正準備沐浴時，在窗前站了一會兒，窗外就是市場，再過去是河岸，乾涸的河道靜待著大雨的滋潤。突然間，我察覺到心靈一陣騷動。我的經驗世界在那一刻似乎被點亮了，原本那些與我不相干的模糊事物展現出意義非凡的連結。那個感覺就好像原本在濃霧中找不到方向而胡亂摸索的路人，驀地發現自己就站在家門口。

記得小時候剛開始上識字課的某一天，手裡的課本盡是一個個必須硬背的單字，字與字都扯不上關係。那日的上午就跟褪色的書頁一般，字跡成了毫無邏輯的筆畫，滿是汙點、空白和蟲蛀的痕跡。但是突然間，我發現一行串連起來有押韻的句子，翻譯出來的文義是：「天空下雨了，樹葉震動了。」當下我進入另一個世界，在那裡我重新獲得完整的價值。我的心智接觸到創造性表現的領域，不再是那個因拼字而窒息，被教室圈住的學生了。在雨中搖曳生姿的樹葉，形成一幅充滿節奏感的畫面，我的世界被開啓了，它不再只是個提供知識的地方，而是一個與我的生命和諧共存的所在。先前所有不連貫的片段串連起來，眼前所見的一切形成有意義的整體，這個景象令我狂喜。過往以爲漂泊的海浪，再看也都有了歸屬，全都是無垠大洋的一部分。我確信有某個理解我和我的世界的「存在」（Being），正在以我所有的經驗創造出最佳的表現，把這些經驗整合成不斷擴展的獨立個體，一件具有靈性的藝術作品。

我對這個「存在」具有責任，因爲這件出自於我的藝術創作，既屬於他也屬於我。當初循著永恆的構想來建構宇宙的，可能是同樣的創造性思維；但是在我這樣的凡人身上，「他」讓某種人類關係的焦點進入愈來愈深刻的知覺狀態。我的憂傷總在煎熬的長軌上留下印記，折磨著我，不過在那個當下，我明白這些憂思是我進入創作的必經陣痛，讓我創造出超越個人極限的作品，就像每一顆星辰約好同時發光，便能照亮宇宙的歷史軌跡。我因爲感受到嶄新的同伴情誼，揭開兩者相遇相會之謎而雀躍不已。我知道我終於尋得了信仰，那是人的宗教，它把「無限」擺在人性中，並且來到我的身邊，向我尋求愛與合作。

後來我持續把這個想法，在詩裡面以 *Jivan devata*（Lord of my life，「我的生命主宰」）這個用詞表達出來。詩是自我記錄的工具，用它來證明我的經驗，會比在問答間不自覺偏離原意更眞實。因此，縱然使用外國語言對我來說有諸多侷限，我勉強轉譯如下：

祢是我生命最深處的靈魂，
我的生命主宰，祢是否歡喜？
因我獻上一杯
盛滿所有苦樂的酒，
那是我把內心的葡萄碾碎所釀，
我用色彩與歌聲的律動爲祢編織覆被，
再加上我用欲望熔鑄而成的黃金
造了玩具供祢餘暇賞玩。
不知爲何祢挑選我做祢的同伴，

我的生命主宰！
祢是否保管了我的白天與黑夜，
我的行爲和夢境，供祢揮灑神奇，
還把我的春秋之歌纏繞成祢的樂音，
更折下我成熟的花蕊點綴祢的王冠？

我看到祢雙眼凝視我心深幽處，
我的生命主宰！
是否我的失敗與過錯已被寬恕。
因多少日子以來，白日不思付出，
黑夜在悔恨中逝去；
花朵被遺忘在角落枯萎，未曾敬獻於祢，
我那上緊琴弦的魯特琴
總在彈奏祢的旋律時廢弛，

光陰虛度後的殘餘分外淒涼
孤夜只淚水相伴。

是否，我的末日終將來臨，
我的生命主宰！
在我懷抱祢的雙臂漸垂，
我的親吻不再眞實的時刻？
不如結束今日死氣沉沉的相聚吧，
再用嶄新的歡愉化去我身上老態；
再一次結合
在另一場生命的慶典。

——

我在七月某個閒來無事的時刻偶然得到的體會，事先完全沒有意識到，卻那樣地發生了。那天上午，我看到東方天際聚集的雲層，輕柔地在搖曳的竹林上方遮住日光，幾名嬉鬧的村童站在河岸邊拉著一艘老漁船；那時，一股難以言喻的思緒像來自遙遠國度的火車，滿載著財寶駛進我的腦海。

我打小時候便是感覺敏銳的人，對周遭的環境都有很強的覺察力，不管對自然或人都是如此。我家的房子外面有個小花園，那裡簡直是我的樂園，每天都能觀察到美的奇蹟。

幾乎是每日的清早，我都會從床上直奔小花園，迎接黎明第一道粉紅色曙光，看著日光從那排沿著花園邊界而立的棕櫚樹間透出來，小草上的露珠在清風輕撫下微顫，發出晶瑩的亮光。友情的呼喚從天空傳來，我在這靜謐時分全心全意地接受溢滿四周的光亮與平靜。我滿心期待每日早晨的到來，一天都不願錯過，因為每一個清晨對我來說都彌足珍貴，比守財奴愛黃金的程度有過之而無不及。我知道，擋在我和那個「超越我的存在」之間的面紗消失之時，我能體驗更深層的自我。

我天生就有強烈的好奇感，它像一把鑰匙，讓小男孩進入萬物存在的神祕寶庫裡盡情探索。我不太關心課業，因為學校總是粗暴地使人抽離周遭的環境，讓我跟被關在實驗室籠子裡的兔子一樣痛苦。也許這正好可以說明我的宗教究竟是什麼。在我的眼中，這個世界是有生命的，它與我的生命息息相關，其間有一股微不可察的親密感，使我存在的價值益發深刻。

這個世界有它非人的、客觀的一面，科學家的目的便是追求這樣的眞相。一個人和他的兒子之間是父子關係；但作爲醫師，他必須抽離這層親子關係，讓孩子的存在變成抽象的生物概念，僅視其爲有生理功能的身體。我們不能說，如果這個人一直在行醫，他會捨棄自己和兒子之間的人的成分，因爲身爲醫師得到的眞理更甚於身爲父親的眞實。有關兒子的科學知識，都只是現象、訊息，並不是眞理的領悟。懷抱著對兒子的親密感，他才會接近終極的眞相，那是關係的眞理，宇宙間和諧一致的眞理，創造的根本原則。所有的元素也一樣，不能僅用中子與電子的數量來理解，因爲組成分子之間的關係依舊是難解之謎。身處情感和喜悅當中的我們，有能力即時察覺這些關係的本質；這層體會讓我們有資格認定，這位至高無上者與世間萬物密切相關，理解宇宙之道，祂就是愛的化身——理想的關係就等於至高眞理所代表的愛。

小時候曾發生過一起令我反感而震驚的事件，至今記憶猶新。有個醫學生拿了一條人類的氣管給我看，以爲我會讚嘆人體構造的巧妙。他試圖說服我，人類美妙的聲音就是從那裡發出來的。事實上，藝術品不會凸顯器械的角色，而是以和諧的方式展現，這是創作的奧妙之處。僅用技術觀點來定義事物，我是無法接受的。神並不在意祂的豐功偉業是否被記錄在石碑上，但祂透過青草地、花兒、雲朵的色彩變化，以及潺潺的流水聲，在世間傳遞善與美的成就，對此祂必然深感自豪。

我通常無法分辨究竟是什麼人或什麼事在觸動我的心弦。就像嬰兒不知道母親的名字、身分或做什麼工作一樣。我心中經常出現的感覺，多半是透過四面八方生氣蓬勃的溝通管道注入我的天性，而讓我對於人性感到滿足。

科學家可能會認爲，不去區分生命與非生命，人類與非人類，是原始心智的象徵。這點我承認，但我希望這不是非難，而是讚許。這也許是科學眞正的特性和思考模式，讓原始的大腦相信人性的存在，是因爲有了普世的人類眞理，而這個眞理跟人的理性和意志是和諧共處的。世間萬物或有不同，有的差異被定義爲非人類，但這還沒觸及到本質。舉例來說，骨頭跟肌肉不一樣，但在體內是合而爲一的。我們的快樂，或者我們的想像，都跟宇宙合而為一，然後才被心智所感受。雖然不必否認種種細微而複雜的差異，但聽從內在的聲音沒有錯，它有時也能敏銳地感知到一個無所不在的力量對人的回應。

現實的細部差異必須靠科學研究來分辨，但是對於體內神奇的和諧關係，科學卻難窺究竟，有賴人的心智去理解。這便是人的原始想像力，一種清新而直接的經驗，有首詩便如此讚嘆：

宇宙的智慧與心念！
靈魂是思想的永恆眞理，
氣息的形與象，不朽的運行
由此而生。

另一首詩也談到這個概念：

用微笑即能照亮宇宙的光，

天地萬物藉以運作的美好。

神學家可能會跟科學家一樣搖頭反對，認爲我寫的東西是泛神論。我們先別陷入用詞之爭。當我說我是人的時候，人這個字指的是人的普遍概念，不管在任何人身上都是一致的，即使每個人都不同於其他人。如果我們輕易地把這個想法貼上泛人論（pananthropy）的標籤，企圖用這個名稱去除它的神祕感，其實意義不大。我的宗教主張是這樣的：由有生命和無生命物質所構成的世界，因爲人的關係而得到最佳的體現。人作爲造物主的創造物，是造物主的象徵，這也是爲什麼在所有物種當中，人才有能力用他的所知所感以及想像來理解這世界，他的靈魂甚至會與無所不在的聖靈結合。

舉個例子，假設有個外星人來參觀地球，剛好在留聲機上聽到人類的聲音。對他來說，會動會發出聲音的是那張旋轉的唱片。他不知道留聲機與人類的連結，所以便接受了唱片所代表的客觀眞實；這都是觸摸得到也測量得出的現象。但他會納悶，機器如何與靈魂對話。如果繼續探查下去，他會找到作曲者，從作曲者的口中得知音樂的理念，立刻就能明白音樂是人與人之間的溝通方式。

只是提供訊息的事物，我們能夠透過測量來瞭解；但會帶來快樂的事物，便無法用原子和分子的聚合來理解。世間的安排很玄妙，冥冥之中有股想讓我們快樂的念頭，這表示在天地間的物與力之外，還有其他訊息會透過人的神奇接觸傳遞過來。但這種觸動只能憑感覺，不能做科學分析，這跟外星人的例子一樣；外星人回到自己的星球，最多也只能向他的同胞解釋，感動他的「人」沒有形體，雖是透過機器傳送，卻能觸及內心深處。

玫瑰帶給我的滿足感在黃金之上，難道只因它外型飽滿、色澤粉嫩、令人賞心悅目，而後者只能用來買生活必需品和奴僕嗎？必定有人不認同擁有一朵玫瑰會比擁有一塊黃金更令人快樂。反對者也許不明白，我要強調的並非表面上的價值。假使我們要穿越一片黃金沙漠，那麼這些黃澄澄的金塊在我們眼前應該會變成嚴酷的恐怖象徵，而看到玫瑰就如同進入了天堂。

一朵玫瑰帶給我們的喜悅，絕對不是花瓣完整而已，就如同聽音樂的美好感受並不存在留聲機上的唱片裡。究其根本，是玫瑰隱含的那份使我們感動的愛意。將玫瑰花送給愛人，是因爲玫瑰花語代表著愛，這比我們說出口的話更加難以測量。所以，送玫瑰花就等於說出了放諸四海皆準的喜悅語言，達到表意的目的。

——

我年輕時，有幸得到一份珍藏，那是許久前毗溼奴派詩人所作的抒情詩集。我因爲體悟埋藏於情詩間的一些言外深意而感到欣慰。就好像發現象形文字的人，雖然文字本身已是美學極品，但突然找到能夠理解文字內容的關鍵更是令人喜悅。我相信毗溼奴詩人筆下的愛人是一位至高無上者，我們都能在所有愛的關係中感受到他，那是自然的愛、生物的愛、孩子的愛、同志的愛、愛人的愛，也是啓發我們理解眞相的愛。詩人們歌詠的愛，是穿越人與神人之間無數障礙的愛，一份需要彼此支持才能成就個人和宇宙完美結合的不朽情緣。

毗溼奴詩人吟詠的愛人吹著笛子，笛音抑揚頓挫，那是存在自然與人當中至美至愛的聲音。這些音符向我們發出邀請，請我們走出自我中心的孤獨人生，進入愛與眞理的國土。我們究竟是天生失聰，還是忙著爲自身競逐，被市集的喧鬧嘈雜蒙蔽了雙耳？我們沒聽到至愛之人的音樂，因爲注意力都集中在如何將屬於別人的占爲己有，競相投入巧取豪奪，欺凌弱者的鬥爭當中，還爲自己的奸計沾沾自喜；那個湛藍天空降下愛之雨、地底溢出愛之泉的世界，我們棄之不顧，固執地讓生命變成荒漠。

在大自然的世界裡，只要找到通往工藝之都的祕密入口，就能發現工匠居住的黑暗角落，取得有用的工具幫你做到許多事，但是永恆不在那裡。那是儲存訊息的資料庫，但不管訊息本身多麼重要，都不具備使人得到滿足的條件。但在和諧之都，住的是位居萬物核心的至愛之人，當人到他那裡的時候，立即會明白自己來到眞理與不朽面前，所感受的喜悅既是最終，也是沒有終點的美妙情感。

獲得事件的訊息或發現力量的存在，都是屬於外在，而非事物的內在精神。獲至眞理的唯一標準是喜悅，當我們聽到眞理發出的樂聲，收到眞理傳遞的問候，我們會明白得到眞理的感動是什麼。這也是所有宗教最堅實不移的基礎。我們享受自然光的方式跟電磁波不一樣；日光不必等候科學家的介紹，一定會在每日降臨。同樣的道理，當我們意識到愛與美的純淨眞理的那一刻，不必神學家出面解釋或倫理學的討論，便能立即由內在感受到無窮盡的眞實。

我已坦誠，我的宗教是詩人的宗教。我所認知的宗教是來自洞察力（vision），不是靠知識。坦白說，對於罪惡或者死後之事，我都無法提出令人滿意的回答。然而，我能確定的是，在我曾有過的幾次親身經驗中，靈魂曾經碰觸到無限，也因爲喜悅的光照而強烈感受到無限的存在。《奧義書》提到，人的心靈和言語因爲困惑而遠離至高眞理，但是當人掌握了發自內心深處的喜悅而明白眞理，便能遠離所有的疑慮和恐懼。

如果我們在夜裡被東西給絆倒，我們會強烈意識到物與物之間的分離狀態。但白日來臨時，又出現更強大的凝聚力來擁抱一切。人的內在洞察力接收到意識的光照時，便能立刻領悟到神性的凝聚力將凌駕所有的差異與分歧之上。此刻，他的心靈便不再蹣跚而行，不再受到人類世界的個體分歧所牽絆，而是欣然接受這些分離或差異最終都是一體的。他也會明白，平靜並非來自外在的種種安排，而是來自內在和諧，眞理就存在和諧當中。他也知道，美永遠是人的心靈與眞理的媒介，而眞理則等待我們予以愛的回應以獲致圓滿。

七　心中之人

The Man of My Heart

我的少年時代開場秀，是一次突如其來的體驗。它太不尋常，讓我的心靈充滿疑惑，試圖從已經確立的思想基礎找出合乎常理的解釋，努力調整這個突來的內在訊息，讓它比較符合系統性的信仰，也就是一般所稱的宗教。於是乎，我欣然接受父親提供的機會，在他主持的一神論教會的特別部門擔任書記。我的主要職務是寫讚美詩，這自然需要銘刻於心且捍衛傳統的保守宗教觀。出於對工作的責任感，我拚命說服自己，當時心中已然成形的其他想法跟教會成員是一致的，但這樣的努力並不順利，過不了自己這關的拉扯讓我感到痛苦。

最後我明白，我的行爲只忠於我所服務的宗教團體，卻與我的宗教觀有所扞格。教會代表的是人爲的均質，具有最低程度的靜態眞理標準，無法容忍超越其界限的動態成長。我相信不管在宗教或藝術的領域，對一個團體來說很尋常的事必定不是什麼重要的事。事實上，團體成員間本來就會經常彼此仿效。我一直覺得自己戴著面具過生活，隱藏了眞實的面孔，所以經過許久的掙扎之後，還是離開了教會。

約莫此時，我偶然從一名包爾族（見附錄二）乞人的口中聽到一首歌。現代印度宗教的神祇各有不同的名號、形態和傳說，有些來自吠陀經，有些則源於民間信仰，各有各的風格與各自的教派組織，使信眾們在集體催眠中得到情感上的滿足。有些教派別具美學價值，有些則是透過生動的傳說傳遞重要的哲學意涵。但這首簡單的歌謠之所以使我大感震撼，原因在它的宗教性表現既不是直接了當或未經修飾，也不是抽象的純粹超越論。即便如此，這是一首極富生命力、情感真摯的歌曲，充滿對神聖心靈的熱切渴望，而他們追求的目標只存在於神，不在寺廟、經典、肖像或符號當中。包爾人所唱的歌是獻給**理想之人**（Man the ideal）：

寺廟與清眞寺阻礙祢的道路，
讓我聽不見祢的呼喚也動不了，
就在教師與祭司憤怒地把我團團圍住時。

包爾人不遵循任何傳統儀式，只信仰愛。根據他的說法：

愛是魔法石，只要碰觸它，貪婪之心便化爲奉獻之情。

他又接著說：

為著這份愛，天堂選擇化為人間，神明甘心降為凡人。

從那時候起，我時常去找這些人，想從他們的歌曲中進一步瞭解他們的信仰，因爲唱歌是包爾人唯一的宗教儀式。接觸過後，我發現這些作品的情感抒發和文詞使用的原創性之高，實在令人讚嘆，而且每首歌的表現都自成一格。比如說，以下這首讚美歌以青春不老爲題唱著：

噢，我的花蕾，我們向青春致敬；
青春乃神聖恆河的生命源頭；
自青春湧現乃爲天賜喜樂。

接著再唱：

絕不拿熟透玉米敬獻青春，

果實、種子都不行，
只有蓮花苞代表我們的心。
一日的青春時刻是早晨，
我們在此時向祂頂禮。
宇宙在祂冥想中現身。

青春之神在這首歌裡面，被稱爲「無窮盡之蓮」，因爲蓮花的花心象徵圓滿，也會不斷成長，開展花瓣。

在印度，有些人從未寫下任何關於人的宗教的論著，對於實踐人的宗教卻有強烈的渴望和實際的磨練。這些人用生命來見證他們與存在所有人身上、沒有形體的「那個人」的密切關係。中古時期的印度詩聖拉賈（Rajab）提到「那個人」：

神人（God-man, *nara-narayana*）是祢的定義，不是空想是眞相。在祢身上，無限追尋有限，知識追尋愛；有形和無形（個人和宇宙）結合之時，便成就無私的愛。

同時代的另一位詩人樂維達（Ravidas）唱出以下的歌詞：

噢，神聖之人祢看見我，我也看見祢，我們的愛便能共享。

一名孟加拉鄉村詩人這麼歌詠這位神人：

祂就在我們當中，這是深不可測的事實。當我們開放自我，真誠關愛身邊所有人，我們便能認識祂。

詩人的兄弟則說：

人在我身上找人，於是我拋下自己離開了。

另外一位歌者唱到理想之人：

神的劇本在人間，經典如何通曉神之意？
聽吧！我的弟兄，人之眞理乃最高眞理，再無出其右。

這些描述證明了，人可以被理解爲客觀存在的眞理，並能引起深刻的歸屬感與愛。這個概念和其他人的智性崇拜大不相同，後者比較像一個耽溺於洗滌幻影卻不幸迷失的身體。詩人華茲華斯（Wordsworth）說道：

人因欣賞、希望與愛而活，
只要這些具備妥善而明智的定位，
存在的尊嚴將使我們向上提升。

正是懷抱著存在的尊嚴，生而爲人，我們努力擴展對人類實踐的認知。實踐的方式是透過欣賞與愛，還有希望，因爲希望可以拋開現實的牽絆，跨越個別生命的侷限，進入無盡的人類生命長流。

人的宗教便是由這個無限人格的觀點所發展出來的。科學或許能把繁星和星球以外的空間納入它的知識範疇；哲學或許企圖找出萬物根源的普遍法則；宗教卻不免把注意力聚焦於人性，因爲它啓迪了理性思考，賦予我們智慧，激起我們的愛，也是我們理性奉獻的根本。有一個我們稱之爲定律的非人格概念，利用邏輯推論來探索深奧難解的氫原子，以及被渦流火焰籠罩的遠方世界。但是，正如同心愛之人的生理機能不等於心愛之人，這個非人格定律也不會是我們的神，不會是世間所有父親之父、所有母親之母，我們更不能對這個定律說：

藉由禮敬、瞭解的渴望，以及事奉來實踐祂。

這句話只適用於神，祂同時是神也是人；如果這樣的信仰被批判為神人格化（anthropomorphic），那麼人之為人也要被批判，把心愛之人視為一個人而不是科學原理來愛也應該被批判。我們對於人的認知，永遠是基於理解與感受，不可能超過這個範疇。正如一位孟加拉托缽歌者所言：

我們的世界正是我們理解的那樣；思想與存在是並存的。如果人類歸零，一切也將隨著意識的歸零而消失；當意識恢復，你也會知道現實的意義。

按照這名歌者所言，我們口中的自然不是哲學的抽象概念，不是宇宙，而是依著人所見所感，名為自然的現實。事實上，人會在自己身上感受到自然，也就是說，自然與心靈是相連的，所以人才會在自然當中看到自己。如果人不與自然連結，就不會有完整的存在感，人便會感到有缺憾。人的文學藝術創作從未停歇地表現出人與世界密切的共享關係。看看吠陀詩人是如何歌頌太陽：

你滋養了大地，噢太陽，那些單獨行走的，就撤回你的光芒。你的絕美在我面前顯現，讓我明白，在彼方的那一位也是我。

擁有無拘無束的人格意識，我們才看得清存在所有人心中的「人」。科學的最高目標是發現人類認知下的宇宙，並發掘廣達時空邊際，足以容納全世界的人類精神疆域。

最早來到印度的亞利安人崇拜雨神、風神、火神和自然力量，這些神祇沒有特定的形象，後來演變成個別神祇沒有專屬的法力，但是擁有一個無限的力量來源，名爲婆羅門（Brahma）。宇宙神學接著又發展出非人格概念；有形體的轉成形而上的抽象概念，如同現代科學界，物質被數學取代的趨勢一樣。就婆羅門而言，印度人認爲不論如何分析，婆羅門既不能以智性領會，也無法用言語來形容。

不管這個說法多麼完美，如果作爲一個原則，涉及所有非人性現象，卻又超出人類的理解範圍，會使人陷入無地自處的空虛。不能否認的是，我們永遠無法由內理解世間萬物，只能從眼前所見的樣貌來認知。事實上，我們對自己的認知，還是受到現有知識條件的限制。宗教追求人類存在的最高價值，這是人可以由內在直接感知的唯一眞理。有人這麼說：

沒有什麼比人更偉大；他是至尊，他是終極目標。

東孟加拉一位鄉村詩人在歌詞裡宣揚他的哲學觀，他認爲宇宙的存在與人密不可分，我翻譯如下：

天空與大地自我眼中誕生；所有堅硬的、柔軟的，冰冷的、炙熱的，皆出自我身；香味與臭味是我的鼻孔所有。

下面這首詩則提到出現在詩人眼前的永恆之人。跟吠陀讚美詩的作曲者提到的「那個人」一樣，永恆之人既從他的心中來，也在太陽的中心：

我看過這景象，

這自顯的景象現出我的模樣，

從我而出。

印度有一群人積極推動使人性自我徹底融入一個不具備任何特性或定義的非人實體中，讓心智進入全然空白，全無心智活動的狀態。他們主張這是意識最純淨的狀態，除了感受喜樂，沒有其他目的或企圖。這被視爲瑜伽的最高境界。瑜伽是崇尚合一的教派，將人的存在與超乎思想語言的無限存在視爲一體。這個伴隨著極樂感的先驗意識是印度由來已久且備受尊重的傳統，也有確切的證據支持，不可能被任何反面論證推翻。這點我並不否定，但我想強調的是，即便瑜伽作爲一種偉大的心理經驗而有其價值，它不能算是宗教。就好像知道原子的終極狀態，卻幫不上畫家的忙，因爲畫家處理的是原子構成的事物的形象。當然，我們需要留一些空間來研究事物的原始純淨狀態，人類性靈恐怕也需要，只是原始狀態與理想狀態不必然是同一件事。有具體形態的事物比起只有原子，在表現上更爲理想；同理，人跟消失於原始混沌狀態的人，前者還是更理想。這就是爲什麼伊索帕尼夏（Ishopanishat）說：「眞理是有限也是無限，它不動也動，它很遠也很近，它既存在也不存在。」

這意思是說，完美是個理想，它不會改變，但從實際面來看，它不斷地朝圓滿的終極目標發展，所以它是動態的。我談到的至高無上之人，本質上無限，但表現在每個人身上就是有限的。正如伊索帕尼夏所言，人必過完他的人生，工作必不能貪婪，最後是在至高存在當中實現自我。他指的是人必須以其人格來彰顯至高無上之人，而唯一的途徑乃是無私的行爲。

八

音樂創作者

The Music Maker

一粒沙，如果沒有整個物質世界當它的舞台，它就什麼也不是。在我們透過感官認知萬物的世界裡，這粒沙才稱之爲沙。我說它是沙的時候，整個物質世界皆會爲這一粒沙顯露的眞理背書。

沙粒提供其身分證明給具不可思議的理解能力的人，但又有誰來保證我們的人性是眞實不虛的呢？我們應該承認，個人自我也要擺在人性的脈絡裡才能襯托出它的眞實性，而這項認知跟對其他事物的認知不同，一定是直接且自證的。

我所謂的人性，指的是人類自我察覺到的先驗的合一原則，透過知識、感覺、期待、意志與行動，理解專屬於個體事實的種種細節。從消極面觀之，這僅能用來解釋獨立的個體；從積極面來看，隨著知識、愛和行動的增長，人性有無限發展的可能性。

由此，所有關於我們的事實中，最人性的一點莫過於對無限的嚮往——無限雖然尚未到達，但因爲有夢想，那些已經得到實踐的也產生了意義。在所有生物當中，只有人能體現無盡的未來，當下只是未來的一部分。所有還沒出現的思想，以及還沒有形體的靈性，都不斷衝擊我們的想像，直到它們在我們的腦海中變得比周遭其他事物更眞實。未來的樣貌必定時時伴隨著此刻，才能承載生命，邁向永生。

人道精神強烈的人，生來都有一股堅定不移的信念，他的心中沒有界限。這就是爲什麼偉大的導師總是千古流芳，因爲他們達到了永恆，彰顯他們對至高無上者的最高敬意。眞正敬拜神的表現，在於是否能爲了崇高的目標，以不屈不撓的勇氣奮鬥，展現人性光輝，使通往永恆的自由之路時時保持通暢。

我們印度人在自家土地上的悲傷故事，就是食古不化的傳統千百年來對人性不理性的壓抑，使過去的偶像崇拜直至今日仍然阻礙了人的發展。盲目崇拜是發展停滯的主因，它把人類的靈魂綁在慣性的轉輪上，直到人失去所有的力量爲止。就像溪水的流動被腐爛的野草所阻塞，淪爲汙穢泥濘的水窪一樣，人們也陷在麻木不仁的愚蠢當中。機械式的傳統教條在本質上就是唯物主義，盲目的虔誠跟靈性完全無關，性格柔弱的人受到不理性的幻覺所惑，受困於宗教的恐怖表象。當我們容許荒謬之事一而再、再而三地在生命各個面向上演，最後形成重重羅網，那麼我們的靈魂終會萎縮；當我們缺乏遠大的目標、不期待生命的提升、不追求神智的清明，無法堅定捍衛並實踐目標，那麼靈魂也必定失去健全成長的土壤；當我們爲了曇花一現的感官享受而不顧一切縱情肉慾，永恆的光明會化爲灰燼，靈魂也將隨之灰飛煙滅。自廢武功而放棄承擔的責任，或追求駭人的虛幻，不只是發生在一般人身上，也會感染到日後更多對人生沒有期待也不看重自己的世代，白白錯失了未來。

不間斷的未來建構成千萬年，把時間軸拉長來看，會比我們透過現在的片段檢視自己的經驗更加眞實。未來存在我們的夢想裡，在創造圓滿美好的信仰裡。我們見證了人類千年來夢想的軌跡，無數被遺忘的民族用讚美、希望與愛來擁抱理想世界的歷程，都表現在他們宏觀的抱負與美好的成就當中。這些民族在歷史洪流中更迭，成就足以令後世仰望的偉業，與其將他們定位爲征服者，不如視爲夢想家，極樂世界的設計師。在詩人的筆下，他們是這樣的人：

我們是音樂創作者，
我們是夢想創造家。

——

宗教爲我們帶來完美一致的夢想，這夢想是人的無限性。當人與世界的合一感因爲強烈情緒的撕裂而造成缺口，造成「個人我」和「世界我」的分離，便會出現罪惡感而痛苦，那是種不一致的感覺。

《奧義書》說：「勿貪求。」貪婪會把我們的注意力從無限的人性價值轉到物質的誘惑上面。有位鄉村詩人就這麼唱：「人會鮮明地躍入你的視線，我的心，如果你願緊閉欲望之門。」

我們都知道，遠古尚未開化的人只關心生理需求的滿足，只活在當下，時間決定了他的生活範圍，跟其他動物並無兩樣；他尚未意識到內心那股尋求解脫，渴望進入永恆人性世界的念頭。

現代文明似乎也因爲同樣的理由而退回到這種原始的心態。我們的需求驟增到讓我們沒有餘力實踐自我，以及存在自我當中的信仰。這代表我們的宗教已經消失，人不再渴望靠近人的神性、極樂之境的建築師、音樂的創作者、夢想的創造家。這樣的心態讓我們隨隨便便就放棄對完美與完整人類典型的嚮往，忘記現實還有比物質更加豐富的內涵。音樂有一面是可以被分析和計量的，就這點來說，它跟驢叫聲或汽車喇叭聲有共同點。但音樂更美好的另一面，在於它無法被一一地分析，這是粗魯無文的汽車喇叭聲永遠無法比擬的。

這個時代的人們在研究人的心智、夢境和精神嚮往時，發現人經常處於神智錯亂、疾病與怪異夢境的身心耗竭狀態。研究人員得到令他們滿意的分析成果，指出這些經驗充滿著糾結不清的原始獸性。這也許是重大發現，但更重要的還是去瞭解另一層眞相：人類是創造的奇蹟，他可以不斷超越他本身的性格組成。

如果某個心理學家認爲我們對愛人的強烈感情，根本上是出於垂涎肉體的原始渴望，其實不管是不是天生如此，我們都無須爭辯，因爲愛的神祕特質與身心靈在理想的狀態下是相互交融的，跟同類相殘的理論完全不能類比。退一步說，倘若質變眞的存在，那麼應該是我們的宗教發揮了作用。蓮花跟腐肉的共同之處是碳與氫原子，也就是構成有機體的基本元素。在生物分解的狀態中，兩者沒有差異；但就創造物的身分來說，兩者之間的差距難以度量，這才是重點。有人認爲，某些人類最偉大的情操當中，隱含著一些性質完全相反的本能。把這件事揭露出來會讓一些人感到如釋重負，甚至從不停歇的生命奮戰當中得到一點安慰。

現代文學作品提到，從幻覺中幡然醒悟的笑聲具有傳染力，以及熱中於打破傳統禮教的俠義之士燒光存在已久的祭壇，指出神壇上受人敬拜的偶像雖美，實際上只是塵土。他們發現人道理想主義帶給世人的表象是虛幻不實的，只有表象之下的塵土才是眞的。從這個觀點看來，整個宇宙可能淪爲一場大騙局，數十億以「你」或「我」相稱的表象背後，那些旋轉電子微粒也該背上詐騙的罵名。

然而，電子微粒打算矇騙誰？如果是像我們這種天生具備某些眞實條件的人，則即便是外在的表象也必須依現狀如實呈現，而不只是電子微粒這些構成元素。玫瑰作爲一個實體會比組成它的氣體更使人安心，因爲氣體可能受到其他因素影響而使玫瑰的眞實性受到誤解。不管是玫瑰或人類美德和美麗的典型，都屬於創造物的範疇，所有難以控制的元素在這裡都會和解，達到完美的和諧。這些元素在最單純的狀態下任憑我們檢視，而我們基於創造物的尊嚴，提供它們最好的獎賞，那就是在神祕劇（玫瑰）當中幫它們安插一角。然而，這樣的分析充其量只是證明我們具有偵探般的聰明才智。

我再重申一次，人在自我創造的過程中所建立的情感與理想典型，都應該擺在整體的脈絡來看。我們的才能或情感沒有絕對的好與壞，全都是構成偉大人性的要素。只能說，如果出現在不對的地方，那就不是好的；教育的目標是把這些要素組成順耳的和弦，以配合人類創作的偉大曲調。未開化的野蠻人變成層次更高的文明人，與神聖之人產生更眞實的共鳴，倒不是因爲某些原始特質被移除，而是將這些特質透過神奇的分類、藝術的精心陶冶、適時適地的控制與壓力訓練，以及人類活動舞台前後的明暗調節等等，才形塑出獨特的人性整體價值。

只要追隨這項價值，我們的能量便能在彰顯永生者的創造性活動中穩定地延續。在文學、藝術、傳奇、符號、儀式，以及用生命親自實踐的英雄的助力下，這份信念得到了強化。

我們的宗教就是領會這些努力、表現和夢想的內在準則，使得依神的形象而生的人們有親近神的途徑。文明的功能在於支撐理想典型確實存在的信念，因爲文明正是展現這份理想典型的各種情感與形象所編織而成的。換句話說，文明是一種藝術創造，爲了實踐我們追求靈性圓滿大願的具體產物，它也是宗教藝術的產物。可是，當我們擁抱現實主義，忘記現實主義內含的眞實成分最低，文明便不再前進，因爲現實主義是最糟糕的虛假。這就好比有人主張去停屍間才能瞭解人體確實存在一樣，殊不知身體的完美展現要花一輩子的時間才看得清。所有偉大的人類事實都是被高度期待的。如果我們忽略不看這些東西原本是什麼樣貌、應該呈現什麼樣貌、有哪些尚未證明但已經被明顯感受到，以及是否仍在通往永恆的道路上等等，那麼這些事實都不算完整。這有賴於每一個個體的盈溢，跳脫雜亂無章的個人事件，以整體的眼光審視之。

人的現實性正是人的動物性，動物只在時間允許的範疇內活動；人的人性是他的眞實，有不間斷的時空作爲他生存的背景。石頭與水晶絕對是完整的，它們無聲亦無生，只在有限的現實性當中維持沉默的尊嚴；而當人類失去創造性理想，失去神聖之人的理想，那麼人類事實便會慢慢沉寂。把音符視爲聲音的紀實，或者把音樂視爲眞理的傳達，兩者的差異非常大。音樂用數量有限的音符傳達出無限。人們利用心中的音符創作有靈魂的音樂，但如果不用心或甘於墮落，那麼腦海中的音符將變成令人心神不寧的魔音。人的啓發來自樂音，而非噪音。

九　大藝術家

The Artist

生命的根本欲望是存在的欲望。在欲望的驅使下，我們累積大量維繫生計所需的訓練和經驗。我吃的食物、穿的衣服、還有住的房子，都依賴了不起的知識、實踐和組織才會出現並供我享用；這些能力或技巧我都不可能具備，而我之所以坦然承認，是因爲這些不足不會害我被別人瞧不起。讀我作品的人似乎頗喜歡我繼續當個詩人或哲學家，特別是後者，這個頭銜是來自大家的錯愛，我不會也不敢如此自稱。

縱然我有諸多不足，但我在人類社會中還是代表某一種溢美的職業。其實我是受到道德與物質誘因的鼓勵才投入文學創作。如果一隻愚蠢的畫眉鳥成天光唱歌，不懂得覓食、築巢或避開天敵，那麼牠的同伴將會盡責地讓牠活活餓死。我沒有得到這種對待，便證明了人類的文明迥異於動物的存在。人與動物之所以不同，在於人的發展空間沒有盡頭，能盡情地在這無邊無際的舞台上做夢與創造。徜徉於自由空間的人會感受到人性的尊嚴與眞實，聽到詩人歌詠勝利時會感到喜悅，也繼續探索與創造，爲自己找尋盡善盡美的境界。

眞實，不論從哪個面向來看，都是從人的情感和想像出發。眞實不是靠我們想出來的，而是靠直接的感覺。也因此，即使它與我們的邏輯思維衝突，也不會被我們捨棄。若把眞實視爲一起事件，它可能有益或有害；若將之視爲啓示，那麼它的意義在於藉由情感或想像讓人親身體驗；我們在這獨特的視野中察覺自己。這份感覺如果不會帶來嚴重的身體或道德風險，那麼它會使人愉快；換句話說，如果感覺跟實際生活的後果脫勾，那麼即使是恐懼或悲傷也不會讓我們想躲開。這就是我們喜愛悲劇的理由，因爲劇情帶來的傷痛會激發出強烈的意識感。

自我的現實存在，對我來說是最直接也最確切的體認。對我產生影響的其他事物，對我來說也同樣眞實，不但吸引我的注意力，與我情感交融，也讓我更加富有並充滿愉悅。我的朋友不必長相美麗、對我有幫忙、家財萬貫或多麼厲害，朋友於我就是實實在在的；在朋友身上我得到的是感覺的延伸與歡喜。

內在眞實感也需要尋求外在眞實的確認，否則內在會出現消極的情緒。當周遭的環境單調無味、乏善可陳，激不起心智的情緒反應，最後對自己的感覺也就遲鈍了、模糊了。我們就跟圖畫一樣，要有和諧的背景來襯托才能顯出它的眞。單獨監禁這種處罰之所以使人痛苦，是因爲它中止了眞實世界與眞實之我的連結，使得我們自身的眞實被停滯的想像困住，讓我們產生疑惑，看不清自己：我們的人格變得模糊，自我的萎縮甚至使我們也喪失了存在感。我們的知識世界得藉著訊息的遞增而擴大；我們的人性世界會透過感同身受和想像力，隨著自我經驗的增加而同步成長。

我們雖然透過知識來認識世界，但所知有限，因此世界對我們來說也是有限的；相同的，我們藉由個人我來瞭解人性世界，但這個世界也因爲我們有限度的同情心和想像力，而有其侷限。處在感覺遲鈍的昏暗中，我們大半的世界將如同一列寂寥的遊牧人身影。人的意識在不同的階段，或多或少都跟世界打成一片，即使不是全部，也有部分；人生的喜悅也在於人與世界形成的一體感。我們用藝術創作傳達出合一的欣喜之情，使得這個世界在我們心目中產生了人文價値。我們具備物理我、化學我和生物我這些性質；知識提升也讓我更加瞭解物理、化學與生物世界。個人我則跟感覺、情緒和想像交流，從而受到欲望和表象所影響。

科學著重用腦袋探索浩瀚的可知世界；心靈導師希望我們用靈魂來瞭解變動世界深處的永恆靈魂；我們的藝術本能則催促我們將人性的樣貌呈現於表象世界中，那是與人類的內在眞實和諧共存的現實。人如果體會不到這份深刻的和諧感，會覺得身處異鄉，時時渴望回家。人類天生就是藝術家，永遠不可能被動並精準地接受周遭事物的表現，而是不斷修正，帶著情感與想像的筆觸，把事實化爲屬於人類的意象。動物認識自己的出生地，而人的國度是個人的地理學，不只是肉眼看得到的景象，而是具備獨特藝術整體性的永恆創造。在人的國度裡，他的意識是自由的，也善用自身的創造力持續擴張與外界的連結。爲了過有效率的生活，人必須知道事實與運作法則。爲了得到快樂，人必須跟萬物建立和諧的關係。關係的改善便是我們創造的成果。

被後世懷念的歷史偉人並不是靜態的存在事實，而是一些鮮明的歷史畫面。他們留下的重大啓示已經成爲世代歌頌的傳奇故事。聽這些偉人故事長大的我們，不斷在腦海中修正他們的形象，讓他們在我們心目中比原型更加鮮活、更具現實感。男人理想中的女性氣質，女人理想中的男子氣概，都是依據我們的期待和欲望，把不同個性和行爲做了分類以後所創造出來的意象。而男男女女都會下意識或有意識地努力符合這些條件。事實上，每個人以理想典型爲目標的修正能力不盡相同，但爲了彼此還是會努力符合某種程度的現實。要說這些標準是想像出來的，所以不是眞的，也不正確。眞實人生就存在人創造的作品中，它代表人的無限。人生來就不太關心只有形體存在的東西，只有當這些東西對人具有某種理想上的價值，人的意識才會承認這些東西的眞實性。與世界隔絕的人永遠不眞；所謂人的想像力，就是把更偉大的自我存在感帶往心智的能力。

我們有能力讓眞理屬於自己，方法是積極調整眞理的相互作用。這得靠藝術來幫忙。現實的基礎不在於事物的本體，而在關係法則。眞理是形上學追求的無限；事實是科學追求的無限，而現實則界定了無限，再把眞理傳達給人類。所以現實具有人性，是我們覺察到的存在，既影響我們，也是我們表達出來的成果。當我們強烈地意識到它，就會意識到自己並感到愉快。我們活在現實裡，同時繼續把它的疆界向外延伸。藝術與文學代表了人類最基本的創作活動。

創作的弔詭之處在於大家雖然各自表述，但藝術家的成功從來不是個人主義式的。人類的所有創作都是要找出、感受並且表現永生之人，也就是造物主。因此所有的文明都不斷地挖掘先驗的人性。文明的毀滅等於藝術家的失敗，也就是藝術表現不及格；個人若阻礙了啓示，那麼文明也將隨之滅亡。現實即爲至高無上者的眞理，屬於所有時代，任何悖離至高無上者的個人主義式狂熱都難以長久。

人最不希望看到眞實感消失，所以急於爲這種感覺找出永存不朽的形式。這種自我覺察對我來說，明顯到近乎具有不朽的性質，所以我無法想像它會不存在。同樣的，所有我認爲眞實的一切皆爲不朽，值得以永恆的語言來加以表述。有些人會在具有紀念價值的雄偉建築上刻下自己的名字；用這種方式硬把自己的名字和屬於所有時代與人類全體的藝術品扯上關係，實在可悲。我們之所以追求名聲，是渴望把內心的眞實也變成客觀的現實。不擅表達的人給別人的感覺總是無足輕重，就像光芒被隱藏的星星無法證明自己的存在。因此，這樣的人期待能夠賦予他完整價值的藝術家的到來，倒不是爲了呈現特別偉大的長處，而是呈現他身上確實具備人類存在的永恆奧祕這份美好的事實。

我造訪北京的某日，陪我在路上逛街的中國友人突然高喊：「你看那兒有隻驢子！」當然，那是一隻再普通不過的驢子，一看就知道，不需要特別解釋。這起小插曲當下讓我覺得好笑，但也引發我思考。這隻動物具備了某些我們歸類過的屬性，這些屬性對我來說並無可取之處，所以隨即就將之逐出腦海。這隻驢子一開始被一些司空見慣的聯想所掩蓋，又因爲我的慢知慢覺，對牠幾乎視而不見。但這位具備藝術氣息的友人並沒有把驢子視爲廉價的知識，而是用新鮮的眼光來看牠，並且承認牠存在的眞實性。我說的「眞實性」，指的是友人對驢子的感知並沒有被排擠到定義狹隘的邊緣意識區，而是迅速融入他的想像，再形成一幅具有和諧的線條、色彩、生命與動作的景象，最後成爲他自己的一部分。在一般情況下，人們絕不會允許驢子進到客廳，但如果幫牠在圖畫裡找個適當的位置，再掛在客廳的牆上，不但沒有人會反對，反而會得到讚賞。

當我們與藝術面對面，情不自禁的說出「我明白了」這句話時，就是眞理隱身藝術的唯一證據。我們可能會錯過在大自然裡遊蕩的驢子，卻絕不會輕忽藝術作品中的驢子，即使那隻動物做了不是驢子天生該做的事，或頭長得像香菇，尾巴像棕櫚葉。

《奧義書》上有一則寓言說，樹梢停著兩隻鳥，一隻在吃東西，另一隻在觀望。這個情景象徵著無限存在和有限自我的關係。觀望的鳥兒的喜悅是美好的，因爲那是一份純淨而自由的喜悅。這兩隻鳥同時活在人的內心，客體的那隻忙著生活大小事，主體那隻則享受眼前平靜的景象。

有個小女孩來找我，要我講故事給她聽。我說了老虎的故事：一隻老虎因爲討厭身上的黑斑紋，就跑來我家，脅迫嚇得半死的僕人給牠一塊肥皀把黑條紋洗掉。小朋友聽了樂不可支，就像眞的目睹那個景象般興奮，心中像是喊著：「老虎就在那兒，我看到了！」她知道自然課本裡的老虎，但她也能看到我故事中的老虎。

我很確定，即使是五歲小孩也知道老虎不可能去做搶肥皀這般荒謬、這麼不像老虎做的事。老虎帶給她的樂趣並不在於外形美醜、用處或其他可能的結果；她的快樂來自腦海中的確看見老虎的事實，而且清晰的程度甚至高於她身旁只是點綴的牆壁。故事裡的老虎是當然的主角，形象完整，這就是讓牠變得眞實的證明。而聽眾的心就是目擊者，他的直接經驗不容挑戰。老虎一定要有老虎的樣子，才能出現在自然課本裡，因此課本裡的老虎必定是平凡的老虎。然而，活在故事裡的老虎不再平凡，你甚至找不到第二隻跟牠一樣的。一個個體因爲屬於某個類別，所以我們知道那是什麼；一個個體因爲屬於它自己，所以我們才會看到它。故事裡的老虎完全脫離其他同類的影子，所以輕易地在聽眾內心形成獨特的個別性。小女孩因爲想像力豐富才能清楚地看到老虎，所以老虎的形象屬於她，與她共存，主客體的結合最終帶來喜悅。不過這是因爲眞理當中不存在分別嗎？或者，這種分別是魔法，是創作嗎？

歷史上有幾個時點，一群人受到啓發，突然間領會到超乎日常生活瑣碎的眞實。世界變得朝氣蓬勃；我們看到了，也用全副心神感受新氣象。其中一次是佛陀的法音穿越有形和無形的障礙，抵達遙遠的彼岸。我們的生命，還有我們的世界，在心中人物賦予我們愛的力量之時，找到它們存在的意義。人們爲了讓這美好的經驗永誌不忘，決定挑戰不可能任務；他們讓大岩石說話，讓小石頭歌唱，讓洞穴留下記憶；他們喜悅與希望的呼喊迴盪在山丘與沙漠，越過不毛之地和熙攘的城市，以永恆不滅的形式存在著。人們投入大量創意，克服重重阻礙與困難，造就震撼無比的雕刻作品。出現在大半個東方大陸的壯舉清楚地回答了「藝術是什麼？」這個問題。那就是人的創造心靈回應眞理的呼喚。

——

很久很久以前，在數百年前的孟加拉，一齣歷久不衰，以人類靈魂為舞台的超凡愛情劇隆重上演，拉開序幕者散發出大徹大悟的氣息。所有人見到世界化為樂器，以樂聲發出極樂大會的邀請函，無不心動神搖。神充滿愛的呼喚有著說不出的神祕感，在變化萬千的全景中以無數的色彩和形態現身，激起的音樂創作風潮衝破傳統的桎梏。那就是我們孟加拉的曼陀音樂（Kirtan），它的出現就像一顆從所有人心中熾烈的情感匯集後昇華的耀眼明星，使人們的意識伴隨著難以忽視的現實感而變得更加強烈。

有人可能會問，既然藝術能喚醒我們心中深刻而豐富的現實感，那麼音樂在我這個立論中扮演什麼角色。音樂是最抽象的一種藝術形式，如同數學在科學領域中的地位。事實上，兩者的關係很深。數學是數字與尺度的邏輯法則，所以它是科學知識的基礎。當數學龐雜的部分被抽離，簡化成符號的時候，它會顯露出令人驚嘆的結構，完美的和諧性正是數學的必然。但除了邏輯，數學在這表象世界裡還具備另一種神奇的力量，那就是創造和諧——具有關聯的節奏。和諧的律動其實是從平常的脈絡間抽取而出，以聲音作爲媒介來表現。也因此，最精緻純粹的存在表現就是透過音樂。以聲音爲形式的表現，因爲沒有事實或思想上的負擔，受到的阻力最小。這個優勢使音樂能夠引起聽眾對現實的親密感。在繪畫、雕塑和文學這類藝術領域中，創作品和人的感覺緊密相依，就像玫瑰花和花香一樣。而在音樂世界裡，感覺在聲音中得到淨化，最後成爲獨立的個體，它取得了旋律和難以分析的意涵，用純粹的眞實感緊緊抓住我們的心。

數學的奧妙之處在於它的節奏，那是萬物的核心，驅動原子運行的力量，透過不同的方式造就了金與鉛、玫瑰與刺、太陽與各星球。這些都是時間與空間裡的數字變化交織而成的虛幻，不管是現象的型態或不斷發生的改變，始終在是與不是之間變動。節奏會使原本模糊的輪廓浮現，使難以捉摸之事漸趨明朗。這是創作的藝術、文學的藝術，也是節奏的魔力。

那麼，我們該就此打住嗎？我們認爲的知識眞理，難道不是基於事實關係的律動，先構成理論架構，接著再創造令人信服的概念，使人以為自己通曉了眞理？我們相信某事爲眞，是因爲它具有和諧感，有理性的節奏，過程可以用數學邏輯來分析；但它對我造成的影響是分析不出來的，就像我們可以計算音符卻不能解釋音樂一樣。讓我信服的是那層神祕力量，也是創造的魔力，它的要素就是我所表現出來的自我覺察的性格。

那麼另一位呢？我相信他也具有自我覺察的性格，與人性始終和諧。

十 人的天性

Man's Nature

自從人眞正意識到「自我」以後，他便開始在所屬的社群中察覺到不可思議的群體感。那是人與人之間相當微妙的關係媒介，不是爲了功利而存在，而是爲了終極眞理；那不是計算出來的總和，而是一種生命價值。人出於某種原因，感受到這份無所不在的共同體精神中還隱含著神性，它會讓人犧牲專屬於自己的一切，讓人體會到有限的自我之外還存在著更崇高的意義，那就是最珍貴的自由。

人以宗教信仰來表現他對這份整體性的恭敬虔誠之意；神祇的名號就是一種宗教象徵。這就是爲什麼最先被人崇拜的神祇都是部落神，包括同個部落內不同群聚的神祇。隨著人類共同體的意識逐漸擴大，神對人的意義是獨一無二、普世皆然的，這點證明了人類整體的眞理等同於他們敬拜之神的眞理。

宗教在梵文中稱之爲達摩（*dharma*），延伸的意涵指的是把人們牢牢凝聚在一起的關係準則；字面上的意義則爲事物的屬性，也就是它具備的基本性質；以火來說，熱便是火的基本性質，即使在燃燒的不同階段可能沒有熱度。

宗教有賴人們信奉永生之人，並努力地陶冶、展現永生之人具備的品性。如果這些美德是人與生俱來的天性，那麼宗教就沒有存在的意義。人類的生命史，一開始是聽命於原始的生物性來滿足基本生理需求。但人的內心深處流動著一種與之對立的意向，那是普世人性的生命潮流。宗教扮演的角色就是調和獸性和人類眞理之間的衝突，使前者臣服於後者。即使我們對永生之人有不同的稱呼，對其樣貌有各種想像，只要我們堅定信仰，宗教的力量會更強。人類這兩種天性的衝突強烈到有人爲了彰顯至高無上者的眞理，會毅然捨棄生命所需，選擇死亡。

至高無上者的樣貌是我們憑想像而體會，不是靠頭腦創造出來的。他比任何個別的人來得更眞實，而他影響力強大的先驗性格超越我們每一個人。他的思想如列車般，追隨著偉大的目標，一一通過現實的障礙，駛向已臻完美的眞實。我們這些單獨的個體作爲他的一部分，也許會自覺地同他追隨一致的目標，也許不會，甚至蓄意阻撓，爲自己帶來毀滅。當我們有意識地與他合作，獲得眞正的宗教，在受苦與犧牲的過程中會找到更大的喜樂。藉由我們對他的愛，我們便能感知到那份由他——至聖者，至高無上的聖靈——所散發出來的大愛。

中國偉大的哲人老子說：「死而不亡者壽。」指的是有德者的生命不朽。生命存在一股動力，催促人們努力奮鬥以求得眞正的存續。我們的經典也這麼寫著，

「不信達摩之人會飛黃騰達，得到他想要的，征服想征服的敵人，但他的根本在腐爛。」這句話指出人的精神生命比物質生命更爲實在，更有價值。

我們的人生在知識、悲憫、行爲、性格和創造性事物等這些足以展現永恆人性的面向上，獲得所謂的「價值」。人類從一開始就不計代價地追尋生命的價值，不只是成功而已；換句話說，我們一直在努力達到永生，讓自己死而不亡。這也是《奧義書》上提到的：「成爲那個人，你便不會受死亡之苦。」

從字面上來看，這些話語似是而非，用理性來看似乎難以令人信服。然而，人們卻深受其影響，願意拋棄所有的恐懼與貪念，抗拒自己的生物本能，只爲認同和護持永生之人的生命價值。最可貴的，莫過於有許多人甚且還不相信永生之人存在的現實，卻也心甘情願拋開他們認爲是最終也是唯一確實之事。

我們把這個美好的現實稱之爲靈性。雖然是個模糊用語，但可以描繪出那一道穿透現實障礙照向我們的黯淡光芒，使我們對靈性人（spiritual Man）的信念超越有形體之人；人類從最黯淡的時代學到的事，就是既存事實即便再明顯，也並非定局；人最大的幸福要看他是否能與面紗背後的神祕偉大人物維持最理想的關係，從而跨進更宏大的生命境界，擁有一個比待在物質世界延續物理生命更可貴的價值。

我們的肉體在物質世界中是完整的實體，也許眞的能稱爲普世人身，沒有它，個別人身將會喪失功能。我們的有形生命在與物質世界互動的過程中得到更寬廣的自由，從而更能理解自身的意義，得到的快樂也大於物慾的滿足。當我們對某些理想性觀點有所體會，開始意識到自我承載的意義，此時某種美好或壯麗的眞實會讓我們感受到內在的完整性，那是昇華後的自我眞實感。

儘管還是帶著些許不確定，人的信仰會得到鞏固，繼續用完美的理想來理解人類世界的信仰。信仰的樣貌隨著人類理解程度的不同，可能是美麗的或扭曲的，明亮的或黯淡的。但不論宗教信條的名相或內涵如何，人心中的理想人類典型都是奠基於一種合一的連結，貫穿個人追求代表永恆人性的至高無上者的過程。這個想法完整表達在人類文明中，因此所創造出來的資產就是爲了彰顯人類的眞理，而非炫耀生命成就的事實。然而，創造性的理想（宗教）若在群眾間形成某種壓倒性的情緒，那麼文明會出現爆炸式的迸裂，如同星星點燃使自己燦爛奪目的火葬柴堆一般。

小的時候，大人會讓我用一些小東西做自己的玩具，或發揮想像力設計遊戲。我最高興的是把它們全部拿出來和玩伴們一起分享，遊戲一定要大家都加入才好玩。有一天，屬於成人市場的誘惑竟滲透到我們這群孩子的樂園。有個小朋友收到從英國買回來的禮物，棒極了，又大又眞。於是乎，高級玩具的主人露出不可一世的神情，不太想跟我們玩遊戲，只是小心翼翼地守著他的高級玩具不讓任何人碰觸。由於我們的玩具簡陋，顯得他的優越感更強了。我確信，如果他會使用現代的語言，他一定會炫耀著那個可笑的玩具，宣稱他比我們更文明。

自覺高人一等的他，在驕傲之餘卻沒有瞭解到這個誘惑掩蓋了一件比他的玩具更重要的事實，也就是住在每個人心中那個純淨無瑕的小孩，或者可以說是孩子內在的達摩。玩具只是告訴別人他家裡有錢，卻不會彰顯他這個人，沒有展現一個孩子的創造力、孩子之間慷慨共享玩具的喜悅，或者是他與玩伴之間的認同感。文明就是要體現人類的達摩，而不僅僅是一個人的聰明、勢力或資產。

有一回，我開車從一個很遠的地方去加爾各答，兩地相距約數百哩。但是車子出了點問題，幾乎每開半小時就得停下來加水。停在第一個村子的時候，我們請一位村民幫忙找水，他費了好大的勁才弄到水，可是當我們準備付給他報酬的時候，儘管他是窮人卻婉拒了。接下來我們又停了十五個村子，都遇到相同的回應。在這麼一個炎熱的國家，在外頭行走的人們時常需要喝水補充水份，特別是在水源匱乏的夏天，所以各地的村民們都覺得有義務把水送給有需要的人。其實根據鐵一般的供需法則，他們可以輕易地賺上一筆。只是他們秉持的達摩已經跟他們的生命合而爲一，他們不會爲了個人利益而把水據爲己有，不願意分享。

老子口中的有道之人，是「生而不有，爲而不持，功成而弗居。夫唯弗居，是以不去」的人。身外之物我們可以販賣，但與我們生命共存的，就不能買賣。眞理的完全內化只存在極善之境，也在自我意識的磨難之外，只能靠文明的長久孕育才能達此境地。

送水給陌生過客，首先就要費一番力氣，其次是不居功、不收費，如果跟那種每秒大量製造的工業產能相比，這種單純似乎過於荒唐，不值得一提。假如是一名財力足以壟斷食品市場，靠著使大量人口買不起食物而賺取暴利的巨賈觀光客，當他以每小時六十哩的速度行經這些村落時，一定傲慢到看不見這等樸實的小事。

沒錯，這是一件單純的小事，就像要求一名紳士做出紳士舉動那麼單純；只是，這種單純需要數百年的文化薰陶才淬鍊得出來，而且不容易學得來。幾年之後，我們可能會看到有人發明新機器，只要開啓轉輪便能輕鬆地在數萬根縫衣針上打出針眼；但是要抱持簡單的眞心對待敵人或陌生人，則需要好幾個世代的培養才做得到。單純的人不會計算價值，不會要求薪水報酬，簡單的表現是文明的最高境界，因此醉心權力的人是無法理解的。

長久的文化薰陶下結出的生命果實難能可貴，但只要衰敗的過程一開始，果實便腐敗了，就像絕美的稀有鳥類，當庸俗的人們出於私慾拿出文明武器加以捕殺，也只能走上絕種的命運。這個事實清楚地擺在我的面前。這段沿路加水的旅程中，唯一期待我拿錢來換水的地方是在加爾各答市郊。那裡的人比較有錢，水源的供給比較容易，水資源也較多，各方面都在建設。這顯示人們不再著重普天下一家的內在精神，而是轉向個人需求的內在生物性。後者在計算利潤之時，便喪失對美與寬容的感受，只看到自己，看不到舉世與他皆同的人。

《阿闥婆吠陀經》提了一個大哉問：是誰把音樂送給人類？鳥兒能做的，只是重複相同的單音或是非常簡單的音符組合，只有人類創造了音樂世界，爲音符與節奏帶來嶄新的關係。這些音符揭開了難以言喻的創造之謎，帶給人們內在的旋律，將事實轉化爲眞實。音樂帶給人聽覺與深層存在的歡愉，使人產生完美合一的滿足感。有人會覺得，眞實在音樂呈現的圓滿當中找到了主體性；人們在追尋自我的最佳展現時，會找一個與自己和諧共鳴並融爲一體的媒介，而音樂就符合這個條件。渴望體現普世之人的念頭，是促使人們投入藝術與文學的原動力。文學與藝術透過線條、色彩、律動、辭彙、思想等不同的形式傳達出來的內涵，遠遠超過它們表面上的呈現，爲我們開啓了一扇窗，眺望人的不朽眞實。不管我們來自哪個國家或哪個時代，文學藝術是我們共同傳承的奢侈品，因爲所有創作的靈感皆來自普世之心。此外，每個創作者不管在創作或個人行爲上面，都必須用他最大的天賦遵循一個典範，那就是展現眞實，最好是普世皆然的眞實價值。換句話說，人應該創作足以反映他的行爲和環境的音樂，使至高無上的人性在他的身上體現。文明就是透過這個歷程形成的創作，也是宇宙之人的表現。

——

我在日本旅行時，有機會觀察人類社會中互相牴觸的兩面；一面是用社會典範、審美觀、個人行爲準則堆積而成的古大陸；另一面則是流動的元素，把財富從世界各地源源不絕帶往此地的潮流。日本用半個世紀的時間造就出的大無畏前進精神，在某日的早晨挾帶著傲慢與威嚇的風暴乍然現身。而中國的自尊在那些年被無情碾碎之後也發奮圖強，我相信不久以後定能從跌倒之處東山再起。不過，那些爲日本文化注入活力與形體的理念，是經過不知多少世代的有志之士一心一意培育而成，這些人不是汲汲營營之人，他們擁有大量餘暇，因此才能耐心孕育生命的美學與成熟智慧。

我們一方面看到日本先進的工廠裡數不清的、最新型的機器設備與毀滅武器；另一方面，我們也看到與那些東西同時存在的一些易碎花瓶、小絲巾、莊嚴簡潔的建築物，以及如詩般的身體動作；還有日本人平常生活中的有禮表現，都是費心費時才做得出來的言行舉止。這些不一定全都來自對事物的正確知識，而是出於對現實的價值所產生的強烈感受。日本人展現在電纜線、鐵道、製造工具和殺人機器上面的嫻熟技巧，多少跟其他有類似發展機會的國家的景象雷同。可是在宗教與社會典範形塑的生活藝術、繪畫、行爲模式，以及各種美的表現當中，日本亦展露了她自己的個性和信仰法則，而這些都必須具有獨特性，同時象徵著永生之人，如此才具有存在的價值。

老子說過：「不知常，妄作凶。」他也說：「死而不亡。」當我們失去肉體的生命，我們是死了；若失去人性，那便萬劫不復。人性是人類的法。無止盡的變動與流轉是這個世界顯然的態勢；但是應該得到實踐的是充溢在人類世界中，那份至高無上的人之本性。

我們絕不能忘記，光是「動」並不具有價值，因爲動也可能是一種惰性的危險訊號。要知道，在印度，佛陀爲實踐普天之下人性尊嚴的理想而弘法，啓動大規模的靈性改革，連帶影響後世數百年的文學、藝術、科學，以及各種增進公共利益的行動。引發這場運動的動機，並不是想要得到更多的知識或權力，也不在鼓動狂熱，而是啓發自由，讓我們具有實踐佛法、領悟永生者眞理的自由。

老子嘗言：「有德司契，無德司徹。」也就是說，跟內在的法無關的發展，只是爲了滿足自己無限慾求的外在誘惑。文明也可能提供極大的力量讓我們拋棄實現無限並啓發創作的助力。

偉大的哲人老子有句話是這麼說的：「益生曰祥。」延長壽命即使可以達到永生，卻不可能超越群體生命的界限。松樹長得又高又大，每一吋樹木都維持著內在節奏的平衡，即使有過度的舉動，也會用一貫優雅的謹慎態度來自我控制。樹木和它的產物屬於相同的維生系統，從樹幹、花朵、葉子到果實，都與樹合而爲一；它們能夠如此朝氣勃勃並不是因爲愛張揚，而是得到了祝福。

十一 相遇

The Meeting

每個時代的偉大先知們都瞭解天下之人心意相通，他們的靈魂也因此獲得眞正的自由。可是不同民族因爲外在的地理條件各據一方，形成極度利己的心態。大家雖然本能地希望向宗教尋求眞理，但結果不是把宗教硬套在粗糙的種族窠臼裡，阻礙並扭曲宗教的發展，就是把神禁錮在廟堂的高牆和經書中，使神無法接近邪門歪道猖獗的地域。人們敬拜神明猶如侍奉世間的國王，只是神雖享有傳統上的尊榮地位，卻少了實質上的影響力。由於心靈合一的意識遭到破壞，對神的意義也一直茫然不明。

地理的分隔是造成這個現象的一大原因，但如今這個因素幾乎可以被排除了。當前刻不容緩的任務，是破除含糊不明的神的形象，不再容許表面形式和神學迷霧繼續遮掩神的眞理。我們要爲眞理而行動，只有眞理才能帶來和平。

穴居生物以漆黑的洞穴作爲隱藏與避難的處所，在狹隘的環境裡尋找安全感。大自然安排如此刻苦的地方，使生物的感受敏銳度因爲有限的環境條件而降低。然而，假使有個突如其來的天災把洞穴整個掀開，這個生物如果不想走上滅絕的命運，就得跟廣大的外界環境妥協，調整到雙方都能接受的狀態。

人不管屬於哪個民族，都不可能回到過去，築起高牆把自己隔離起來。今天不管是在形體或智識上，大家都必須面對彼此，誰也躲不掉。長久以來確保我們安全無虞的防護罩已經破了，任何人爲的措施都不能補強。這是我們不得不面對的事實，即使大家對環境的變動還沒做好心理準備，但是隨著生命自由的擴大而衍生的種種風險，我們必須概括承擔。

我們的傳統習俗當中，有很大一部分是用來處理特殊狀況的應變法則。這些傳統的確造就各民族獨特而多元的色彩，除了表現在詩作上，也呈現在各民族爲適應不同環境所發展出的自我保護機制。我們對於自己多彩的民族性，也許懷抱著無比的熱愛；但如果這份情感讓我們只能安於小天地所帶來的舒適感，當外在局勢改變，即便程度相當輕微，都足以讓我們帶著這份狂熱走入歷史。

在動物世界裡，物種一夕之間全數滅絕的先例不計其數，牠們都是一開始單純地依賴特定優勢，最後這些優勢在大變動之後反而成爲阻礙生存的致命弱點。事實上，人類最大的優勢就是回應極端意外的適應力，不論酷暑或嚴寒之境，對人類來說都不是克服不了的。

今日擺在大家面前的種族問題之嚴峻，已經迫使我們必須進行道德重整，否則引發的混亂將使我們動彈不得，最後走向滅亡。（見附錄四）

當我們發現必需品變得難以取得，長久以來賴以維生的資源消耗殆盡，我們就把全副精神放在找尋其他更深入、更穩定的生計來源。這引導我們從外在進入內在的寶庫探索。也就是說，當肌肉解決不了問題，我們把大腦請來救援時，才會驚訝地發覺智力竟比蠻力更強大。但如果聰明才智沒有妥善運用，會把我們帶上歧途，反而讓自我滅絕的腳步加快，也更加戲劇性，此時我們的靈魂必須另尋更深沉的力量加入營救的行列，同時也要記取蠻力無用的道理。

極端的種族中心主義經過一番醞釀，就在人們相遇的這一刻找到最能發揮的舞台。人類的歷史當中，從來沒有經歷過如此氾濫的道德淪喪。舉目所見，盡是因爲嫉妒、貪婪、仇恨與互相猜忌所造成的不安與紛擾。每一個民族不分強弱，都在想方設法傷害其他民族。這種進展神速的害人比賽把大家吞噬到無底深淵裡，沒有一個國家敢停下來或放慢速度。人們就像全身被病毒感染、高燒不退的猩紅熱病患；政治狂熱取代了開創性人格，占據了生活的每一個領域。

大家都明白，追求物質利益的貪念沒有滿足的一天，就像傻子妄想找到地平線的盡頭一樣，無異是緣木求魚。無止盡的財富競逐已經變成一場沒有目標、只有阻礙的障礙賽。進行財富鬥爭所借助的武器也必須不停地製造，以開闢新的殺戮戰場，在製造恐懼的同時激起更荒唐的瘋狂行爲。當酒醉般的激情駕馭著能量強大的人類才智，毀滅性的大冒險似乎已經展開。

此刻，我們比過去任何時候都需要靈性力量挺身相助，我們一定能發掘這份深藏在我們內心的力量。先驅者展開冒險時也在受苦，經過一番披荊斬棘，生命便提升到一個更高的層次，人也得以安歇。

我用一則古印度的歷史故事來說明。在那段光輝的時代，有一群夢想家認爲農業除了實際效用，本身即是偉大的概念。大力提倡這項主張的拉瑪昌德拉（Ramachandra）的事蹟在民間的歌謠廣爲流傳，後來歌曲的原意逐漸被淡忘；再後來，拉瑪昌德拉成了英雄史詩的主角，但讚頌的只是他的個人美德。然而，從埋藏在故事裡的歷史遺跡，我們見證時代新頁隨著農業普及而展開，爲所有人帶來深遠的影響。它破除茫茫曠野的屛障，縮短世界的距離，也克服所有的阻礙。原本老死不相往來，甚至彼此敵視的各族群，在新時代的召喚下結合成一個大民族。

古印度原住民和外來殖民者之間的衝突，是吠陀梵語詩裡常見的主題。詩句傳達出互不信任的氛圍和鬥爭，不是大批人淪爲奴隸，便是異議者慘遭滅口。這些如同動物般的種族隔離，是出於當時人們有限的想像力和不完美的同情心。假使人們錯失良機而沒有體會到人類最高眞理的實現有賴於合作與博愛，那麼各種殘忍野蠻的表現將會使那種氛圍延續至今。

農業的發展是引導人們走上文明的第一道外力。除了使廣大的人口定點群居，農業的最終目的是創造和平共處與互助的人生。其實文明不單純是因爲從遊牧生活突然轉型到農業生活就會發生，另一項不可或缺的因素，是精神層面對內在眞理的感受能力提升。讀過印度史詩《羅摩衍那》（*Ramayana*）的人一定會知道，始於一小群印度殖民者的理想主義，開啓了掙脫束縛，以生命昇華爲己任的視野。這篇史詩想要表達的，是征服他人的雄心大志如何蛻變爲族群和解的轉折。

我先前說過，人類世界正面臨另一個類似印度史詩時期的鉅變。有人帶著宗教狂熱，不斷助長種族隔離的心態；文人高調歌頌好戰者如何的英勇；貪婪者對自己無恥失德的巧取財富絲毫沒有愧疚感；外交官散播不實謠言，意圖以同胞未來的苦難作爲利益交換的籌碼。現在，隔開不同民族的高牆已經瞬間倒塌，大家猛然發現，我們竟面對面地站在彼此眼前。

這是具有史詩價值的偉大事件。喝母狼奶水長大，住在野獸巢穴，習慣四處掠奪覓食的人，突然間有了重大發現：他是人，不是狼，而且他眞正的力量不是野獸的氣力，而是得到心靈的自由。

人性之神已經來到殘破的部落神廟門口。雖然沒有祭壇，我還是請求那些信仰單純的人們，不管身在何地，都把想要獻祭的供品帶過來，也要相信一件事：智慧與恭敬心遠比投機取巧和態度傲慢更有意義。我請求他們主張自己身而爲人、與人爲善的權利，千萬不要做統治者，抱持著種族或國家優越感與人爲敵。我們都清楚，新時代的人會在自由的陽光下取暖，呼吸生命的自由空氣，因此這種統治者絕不會被世人所容許。

在地球非常早期的時代，怒火、惡水、暴雨等自然神是支配世界的力量，不斷在地球上製造恐懼的假象。這些大神終究會退位，把支配權交給生命。當時如果有些聰明務實的旁觀者在場，他們一定會用所有的籌碼，甚至加碼打賭自然神會打敗卑微的人類，贏得這場角力賽。只有一名夢想家會以堅定的信念，公開表示自然神將因過於浮誇而敗北；今日，也只有人們口中的北歐人才具有這樣的信念。

我再次請求東方與西方的夢想家，站在具有創造力的生命這一邊，而不是具有製造力的機器那邊；支持收起拳頭、展現美善的力量，而不是露出肌肉、面目猙獰的惡勢力。

我們也要明白，機器只有在助人時才是好的，當它傷害生命時就是惡；科學之所以偉大在於它能摒除邪惡，而不是助紂爲虐，形成邪惡同盟。

十二 教育家

The Teacher

有關人的神聖本質這個模糊的概念如何在意識中淬鍊，最終得到體現，我已做了說明。永生者展現在每一個人身上，既是無限又有限。在神的眾多代言人中，他是被人及其宙所理解的那一個。但我們身為人，永遠無從得知或想像他是否現身於其他超出人類理解範圍的宇宙。因此，不論神學如何描述，他是受到人類無限嚮往的完美典型，使人們集體的發展有範例可循，人們在他身上追求愛的合一，也在他身上找到完美的父、朋友與愛人。

我相信，一直在我心中無意識地運作著的這個神聖的人性的想法，正是促使我跨出與外界隔離的文學生涯，投入世界從事各種實務工作。隱居生活裡的靜坐冥思雖然帶給我極大的喜樂，但我再也無法為此感到滿足；我在安靜禮拜時所讀的經書也在不知不覺中喪失了鼓舞的力量。我隱約地感覺到我需要藉由公共服務，才能在人類生命中完成靈性的自我實現。有了這個念頭，我便為孟加拉的孩子創辦一所學校。這所學校有它與眾不同之處，現在還在苦撐當中；這是一座富有生命力的廟宇，我一直希望能為我的神學思想蓋一座這樣的殿堂。在這個地方，教育的目的絕對是讓人的生命得到圓滿。若以此為目標，就必須過著名實相符的生活，而這可以透過知識和服務、樂趣和創造力來達成。這是我必然的使命，好像冥冥之中有個力量推著我從夢幻國度的自我放逐回歸全然的眞實。

這讓我想到古印度詩人迦梨陀娑（Kalidasa）細訴謫居之人悲傷情懷的著名詩作〈雲使〉（Meghaduta）。這首詩不只是詩人在抒發鄉愁，還有更深刻的靈魂鄉愁。儘管他描述的是當時繁盛文明雕塑出的精緻文化，我們卻可以從他所有作品中感受到金碧輝煌的皇宮裡，其實充斥著麻木不仁的自我放縱和暴虐之氣。

詩人身在宮廷卻陷入被放逐的空虛感，因爲他的心靈感受不到永恆。他知道這份放逐感不是他自己的，而是當下整個世代的問題。盛世中的人們累積大量的財富卻得不到安寧，寶物堆積成山卻失去宇宙當自己的靠山。詩人在戲劇與詩作中引用撻婆瓦那（tapovana）的例子反覆呈現對完美的嚮往。撻婆瓦那是古印度一些以森林爲家的族長式部落；熟悉梵語文學的人都知道，這些聚落的文化並不原始，他們的心智更不是未開化。他們是眞理的追求者，爲了這個目的而選擇住在天然純淨之地，倒不是奉行清教徒的生活方式，而是過著簡樸卻不禁慾的生活。他們從不主張獨善其身，也持續跟俗世人群保持聯繫。他們的目標和行爲，《奧義書》曾簡短地提到：

那群寧靜祥和之人走進全體，與無所不在的聖靈合而爲一。

這絕非拋棄負面性格的人生觀，而是完完整整、全面的眞實。迦梨陀娑身處超日王（Vikramaditya）掌政的黃金時代，住在繁華中心烏賈因市（Ujjaini），卻強烈感受被吞噬般的窒息感而苦悶不堪，只能寄情撻婆瓦那以支撐他活下去的動力。

現在就有一位印度詩人也因靈魂空虛而痛苦，故而想到撻婆瓦那。這並不是東施效顰，眞的是自然而然的巧合。與迦梨陀娑同時代的人認同以叢林爲居的撻婆瓦那理想，後來眞的有人跑去野外生活，他們不是以自虐爲樂的苦行僧，而是一群心境平和、神智清明的正常人，期望能理解生命的神聖意義。人們凝神傾聽迦梨陀娑歌詠撻婆瓦那的詩作時，彼此的信念產生了共鳴。不過這個思想在今日已經失去現實的輪廓，淪爲遙遠而虛幻的神話，這個梵語名詞也只出現在詩文裡，它的賞析意義止於純文學。過去爲了淨化心靈遷居叢林的行動，若在今日仿效的話不免有種時空錯置之感，所以與時俱進的作法應該是根據當下的環境做一番轉化。換句話說，在實質不變的前提下，外在的形式不必拘泥過去。現代詩人有了這層體會，渴望用現代語言來創作自己的詩。

——

我再花一些篇幅來闡述歷史。文明人遠離了身心健全的生活常軌，有些習慣逐漸養成，然後被強化，跟忙碌的蜜蜂一樣要自我改變以適應繁忙的大環境。我們經常看到感到厭倦、意志消沉的人，他們甚至沒來由地想反抗現狀。出於對蜂巢式社會架構不滿的自殺式暴力，經常引發了革命；過度的封閉使我們失去生活藝術所需的洞察力。顯然人不能過著蜜蜂般的生活，因此當人對自由的渴望超過必須服從的社會常規卻得不到重視時，便不顧一切地起而反抗社會。

我們所處的環境既複雜又講求機械式的運作效率，物質產能超出人的選擇和同化能力，使人難以依照自己的天性和需求與這些物質做適切的調和。

物質的泛濫就像熱帶地區過分茂密的林相，濃密到使人猶如被監禁其中。鳥巢和牢籠不同之處在於前者單純質樸，和天空相接，而後者不但材料繁雜，造價昂貴，而且以自我爲中心，所有不在籠內的事物都被摒除在外。人製造著自己的籠子，並依附這個怪物爲生，甘願被它從四面包圍，總想著如何改變自己來適應籠子的形狀，把籠子的界線視爲自己的界線，只想讓自己成爲籠子的一部分。

這似乎與一般的既定看法相左。許多人認爲，透過人爲操作而升高的物質欲望，會對生命帶來強大的壓力，進而成爲不斷推動文明前進的動力。就我個人而言，我完全不認同這是史上任何偉大文明邁向極盛的主要推動力。

我出生的地方曾經是英屬印度的首府。我的祖先們於非常早期隨著東印度公司的開發所帶來的機運，而落腳在加爾各答。我們家族的生活信念同時受到三種文化的影響：印度教、伊斯蘭教與英國文化。我祖父的時代剛好歷經從衣著華麗、繁文縟節和生活恬逸的生活方式，慢慢過渡到維多利亞式的簡約和效率的風格，不論時間、儀式或個人外表。這表示我面對的世界是都市的進步精神開始駕著勝利跑車駛進綠意盎然的古老村落。雖然我出生之時本地文化已大致被摧殘殆盡，但過去的啜泣聲依然在廢墟上空盤旋不去。

我經常聽大哥帶著無奈和遺憾的口吻，講述過往的熱情友善，舊世界裡人們自然流露的溫馨仁慈，還有充滿單純信仰與獻祭詩歌的生活。這一切都已成爲幻影，消失在朦朧而昏黃的地平線之後。我在孩提時期經歷的是西方商人甫建立的現代城市，以及硬生生闖入我們生活卻格格不入的新時代潮流。

雖然城市生活的嚴苛是我對世界的唯一記憶，但我的心老是出現異鄉人的鄉愁，這令我感到不可思議。好像我的下意識還牢記著太古時代的住所，那裡有我的先人們所描述的情景和聲音，像是靜默無語的岩石、潺潺的流水、森林的朦朧低語……一景一物不斷在我的血液中翻騰。有些經常浮現在腦海中的回憶栩栩如生，似乎渴望著生命降臨之前那徜徉於奇幻天地間，與其他初始生命共享搖籃和遊戲的時光。在印度正午的豔陽下，飛舞的風箏與空氣碰撞出的聲響，爲孤獨的小男孩帶來莫名的親切感。我家圍牆邊那幾棵椰子樹像是許久前被入侵地球的大軍抓住的俘虜，向我細訴草木對人類恆久不滅的守護之情。

回顧兒時那些時刻，我整個心神陶醉在天空和陽光的感動中，感受褐色土壤上閃著露珠的青草輕輕刷過皮膚的觸感，我不禁以爲，這是我的印度先人們把存在的哲理——透過人和宇宙萬物合而爲一的實踐——深深烙印在我心中。我創辦學校的初衷，就是想實踐記憶中那份在我出生之前便已存在的意識自由。

遺世獨立的自由是空虛的概念，沒有意義。最理想的自由建立在完美的和諧基礎上，這個基礎並非透過我們對於世界的認識，而是透過我們的存在所做出的回應。知識的客體跟我們有極大的距離，因爲我們只是知道而已，知識並不等於合一。當我們透過完美的和諧得到眞理，而非透過感官感覺或理智判斷，更深刻的意識自由便會降臨在我們身上。

小孩子帶著最單純的意識，與世界建立直接而親密的和諧關係。這是他們擁有的最好的天賦。他們必定毫不猶豫地接受世界原本的模樣，也不會失去與世界直接溝通的能力。我們在生活上要原始，在精神上必須文明，如此才能趨向圓滿；我們都有與生俱來的能力，可以在自然界保持自然，在人類社會中保有人性。我的靈魂被文明築起的都市高牆阻擋了與萬物的交流而感到孤單，它在我內心深處拚命呼喊，懇求見到更開闊的地平線。我好似一首詩中即將被刪除的那一行，處在懸而未決的疑慮中，不像其他已然確認的每一行，有和諧的聲韻，在整首作品中占據不可或缺的明確地位；而我的角色則被遙不可測的濃霧所遮掩。跟童眞一樣，快樂的能力自然而然地隨著我來到世間，只是現實生活的運作、千篇一律的慣性，還有必須維護的禮教規範，一點一滴腐蝕掉這份能力。

我本來是按照慣例，跟大家一樣去學校念書，但這件事對我造成的痛苦似乎遠比大多數孩子來得劇烈。我內心非文明的那個部分十分易感，對色彩、音樂和生命的動態懷著熱切的渴望，但是以都市為中心的教育並不重視這些充滿生氣的事實，好像只是等著要把印好商標可以賣錢的產品載去市場販售那樣。人身上非文明和文明的比例應該跟地球上水與陸地的比例相符，也就是水應該多於陸。可是學校的宗旨一直試圖在強化文明這一塊。把流動的元素抽走會導致乾旱，只不過以都市的條件來看，這並不被視爲值得惋惜或悲嘆之事。但我的天性對這種環境永遠都不能適應，像是那種鋪築過的路面，看起來體面卻沒有自然的感覺。那個非文明的我很快就獲勝了，在我剛邁入少年之際便成功地把我帶離學校。但我隨即發現自己處在蒙昧的孤島上，必須靠著本能，從無到有建立自己的教育系統。

這讓我想起小時候有幸讀到的孟加拉文版的《魯賓遜漂流記》。我到現在還是認爲那是一本男孩必看的最佳讀物。打從小時候我就想脫離自我，跟自然萬物合而爲一。這個想法特別符合印度文化追求擴展覺知力的傳統。我們必須承認，這種欲望本質上的主觀成分相當高，但身處在不受我們控制的地理條件中，這是必然的。對熱帶氣候束手無策的人們爲了生存，每分每秒都要付出高昂的代價。高熱、溼氣、依賴大型動物存活的小生物具有超強的繁殖力、令人惱怒的有形和無形事物永遠不會消失，這些在在阻礙了開創性實驗的可能。於是過剩的精力開始追求難度更高的自我實現。這便是爲什麼西方文學經常強調自然的醜惡面，西方人似乎很高興有敵人的存在，如此他們才能正面迎戰並從中得到樂趣。亞歷山大大帝占領大半世界時，還發下豪語想再征服其他世界，這個範例成爲精力充沛的西方人嚮往並仿效的對象。當他們討伐不義的戰事暫告一段落之際，就會故意去挑釁其他民族，大肆破壞一番後再接收戰利品來犒賞自己。他們爲了尋求刺激感，不惜冒著自我傷害的風險，無端去危害無辜者，諸如能在空中翱翔的美麗鳥兒、耐得住極地嚴寒的溫馴野獸，還有所謂更高等的種族，儘管我很不想提這個非常無禮的字眼。

生命在實踐的路途中會一再出現各種矛盾衝突，但這是前進的必經過程。溪流爲了穿出一條水路，必須克服來自土壤的阻力，但也因此它不是一灘死水，土壤最後也會形成守護水流的河岸。生命的創造力來自奮鬥的精神。樂器校準音調的目的並不在展現技巧，而是讓音樂能夠完美的實現。西方人克服障礙得到勝利的喜悅，成爲他們生命樂器的豐富和弦，這是値得慶幸的。位於宇宙中心的創造之神絕不容許障礙完全排除，因爲這是它存在的基礎。絕對的眞理存在完美的典範之中，只有靠自己的付出才能擁有，所以奮戰的精神很重要。但這並不是指那些展現肌肉的活動或貪心掠奪的粗鄙行爲會因此得到報酬。

在《魯賓遜漂流記》中，與大自然合而爲一的美好就表現在冒險故事裡。故事中，孤獨的人面對孤獨的自然，他耐著性子與其交好，與之和平共處，探索自然的奥祕，同時也想辦法得到自然的協助。

這是西方英雄式的冒險旅程，是對大地的熱愛。我記得年少時搭火車從義大利布林迪西（Brindisi）穿越歐洲大陸到法國加萊（Calais），路途中我感受到狂喜與驚異。我見識到歐陸的純淨之美在各處綻放，散發出健康和富足的神氣，這是西方人道世界長期以騎士精神灌溉後所生出的果實。西方社會經努力而得到這份果實，也開啓了取之不盡、用之不竭的豐美泉源。我由衷盼望，來自東方的內省覺知力能夠與外顯事奉行爲的精神結合，使美好與美滿現身於陽光下，不再難以捉摸。

我還記得某個早晨，一名正在乞討的孟加拉村婦用她的紗麗裙襬捧著我準備丟棄的凋謝花朵；她用臉龐輕撫著花兒，流露出輕柔無比的欣喜神情，輕嘆著：「噢，我最心愛的！」她的雙眼能輕易看透外顯的表象，直視花朵背後一片無盡的世界，讓她與心之所愛（普世之人）享受了親密的接觸。儘管她缺乏崇拜敬神的能力或那種直接的敬神儀式，但人性的儀式便足以讓大地獻出花朵，讓美好境界降臨在被遺棄的塵土間。有人認爲東方與西方的精神，或者聖經中的馬利亞與馬大，沒辦法結合使眞理的實踐更臻完美，這種論調我並不認同。即使我們東方在物質上匱乏，還有時間上的劣勢，我依然願意耐心等候東西方的相會。

當我在構思學校時，我想起魯賓遜漂流的荒島；在我的學校裡，最重要的第一堂課是教人與自然完美合一，不只是透過愛，還可以透過積極溝通和理性的辦法來達成。這樣的課程是可行的。我們必須認清的事實是，愛與行動是獲取完整知識唯二的媒介；累積知識的目的不是賣弄學問，而是擁有智慧。設立學校的目標也不只是使人四肢發達和頭腦靈敏，以應付各種突發狀況，而是學習融入生命與世界的和諧關係，並在其中取得平衡，這就是智慧。因此在這裡給小朋友上的第一堂課，是讓他們即興創作，過去那種填鴨式、以現成教材上課的教法，在這裡是不會被採用的。完成挑戰會帶來驚喜，我們打算透過這種方式，給每個人發掘自我能力的機會。我要強調，這不是一堂簡單生命的課程，而是創造性生命的教育。生命可能愈來愈複雜，但如果以人性作爲核心，那麼生命依然能夠與創造力同步前進，以優雅的姿態彰顯自己的價值，而不只是提高數量而驕矜自喜。

眞希望我能告訴大家，這所學校已經實現了我的夢想。但其實我不過是朝這個夢想開了一個頭，提供機會讓孩子們培養愛大自然的能力，進而找到自己的自由。愛即自由；它給我們完整的存在感，免於我們爲了毫無意義的廉價目標而出賣靈魂。愛以它的內涵點亮世界，讓生命理解到，各方面的「足夠」就是最大的享受。我知道有人刻意誇大貧窮的精神價值，積極鼓吹簡單生活的信條。如果貧窮只是去否定其他事物，那麼我無法想像貧窮究竟有什麼特別的意義。唯有當人的心有足夠的感受力，有能力回應現實的深深呼喚，才會自發地抵抗虛假的誘惑。麻木不仁會使我們失去感受快樂這種單純的能力，沉淪在以擁有昂貴用品為豪的無知傲慢中。麻木的禁慾苦行對抗麻木的驕奢放縱，就像是以惡制惡，把冷酷的沙漠惡人換成瘋狂的叢林惡人而已。

我盡了最大的力量，培養我的學校裡的孩子對大自然的感受，也透過文學、慶典和宗教教育培養他們靈魂與周遭人類環境互動的覺察力。宗教教育會讓我們透過靈魂更貼近世界，去感受而不只是測量，就像我們獲得樂器的目的是期待它能奏出自己的樂音一樣。

十三　靈性的自由

Spiritual Freedom

生命中總會有傷害我們的事，破壞了我們有形的自我與有形世界的運作和諧；這些傷害我們稱之爲疾病。有些因素會壓抑我們的理解力，破壞了理性的心智與理性的宇宙之間的和諧；這些因素我們稱之爲愚蠢、無知或瘋狂，它們是極度放縱以致失控的激情，擾亂人性的平衡。這些強烈的情緒我們稱之爲罪（sin），它們使個人心靈與人類心靈的和諧蒙上陰影。這些事物使我們無法認清全體人類和身心靈的眞實，也使得我們在物質、理性與靈性上的眞自由變得狹隘、甚至失眞。

印度境內層次較高的宗教都提到 *Mukti* 的修習，意思是靈魂的解放。在自我的領域裡，我們意識到個體性，個體所有的行爲都在表達我們有限的、個別的本質，以及從中得到的樂趣。在靈性的領域裡，我們意識到內在的先驗眞理，那是普世、至尊之人；靈性我（spiritual self）從捨棄個體自我、追求更高靈魂層次的過程當中獲得喜悅。這種捨棄並非否定自我，而是奉獻自我。捨棄自我的念頭源自於直覺，但我們並不清楚直覺本身的意涵，因此也在尋求明確的價值和目的。事實上，追求與某種客觀存在的完美典型合一，建立個體和無限者的和諧關係，就是這份直覺的目標。《奧義書》說，當人在群體之中找到自己的時候，眞理便不再隱身；在此指的便是這份和諧，而不是空虛的孤獨感。

有一回我拜訪偏遠的孟加拉小村落，那裡住的多半是信仰伊斯蘭教的農夫。村民們請我觀賞一種類歌劇的表演，源自數世紀以前的教派文學，勢力曾經很龐大，現今幾已失傳。雖然不再有人信奉這個教派，但它的歌聲依然繼續向一群異文化的村民傳唱其思想，而這群人也不厭其煩地聽下去。歌曲依照這個教派獨特的教義而做，討論組成人的各種物質性與先驗性元素，包括軀體、自我與靈魂。歌唱之後的表演是一段對話，講述一名男子打算長途跋涉到至喜樂園布林達本（Brindaban），卻被守門人指控偷竊而無法成行。男子被發現衣服裡藏著企圖把「自我」私運到樂園裡面的證據，證明他確有犯意。其實自我只能靠自首與懺悔，才能實現進入至喜樂園的願望。男子的犯罪事證確鑿，旅程就此打住。表演在一處用竹竿搭建的老舊遮雨棚下進行，只靠幾盞煤油燈打光。現場擠滿了村民，不時還有從附近田裡傳來的狼嗥。眾人對於這場奇特且融合舞蹈、音樂與幽默對話，探討萬物終極意義的戲曲興緻高昂，一直待到午夜時分才散去。

這場表演顯示詩歌與哲學在印度如何自然而然地走在一塊兒，只因為後者主張它能夠提供人們成就生命的法門。成就什麼？成就我們獲至眞理，在眞理中徜徉的自由，如同下面這句祈禱文：

將我們從虛幻帶往眞實。

因爲，眞實即喜樂。

在藝術世界裡，我們的自我意識得以從自我的利害糾葛中解放，讓我們可以毫無阻礙地達致合一的境界，那是眞實的體現，也是永恆的喜悅。

靈性世界跟藝術世界一樣，我們的靈魂期盼擺脫自我的桎梏，接觸到不摻一絲雜念的極樂，那是創造的泉源，也是創造的目標。靈魂渴望得到解脫，與眞理合而爲一的自由。靈魂解放的概念深深影響了印度人的生活，觸及純粹情感與祈禱的泉源，它乘著詩歌的翅膀往天堂的方向飛去。我們總是一再聽到教育程度不高且信仰單純的人對著救度佛母神（Tara）唱禱著：「我犯下何罪必須待在表象世界的地牢？」

他們擔心被棄絕於眞實世界之外，害怕一直在俗世表面的泡沫中浮沉，恐懼被苦樂循環的浪潮丟來拋去，永遠達不到生命終極的意義。這些人可能是駕著牛車趕市集的車夫，可能是正在撒網捕魚的漁夫。如果有人問他們歌曲有什麼深意，他們也許沒辦法立刻說出聰明的答案，但他們心中深信所有的悲慘都有一個永遠不變的原因，那就是生命的意義無法彰顯，而非缺乏舒適的物質生活。這是他們歌唱中常見的主題，批判過度重視「我」和「我的」的現象，認爲這將破壞人對眞理的洞察。難道他們沒有時常看到社會地位或聰明才智不在他們之上的人，情願將一切所有拋諸腦後而致力尋求眞理嗎？

他們很清楚那些看似冒險衝動的行爲，目的不在追求更多的俗世財富或權勢，而是爲了自由與解脫。他們可能認識一些窮苦的同行，孜孜矻矻日夜工作，卻因爲心靈不受拘束而享有聲望。我便碰過這樣的人。我雇用的船夫曾以敬畏的神情指向一個擁有自由靈魂的人，那是一名鎮日在恆河上捕魚的漁夫，他總是全神貫注地唱著歌。我們的社會慣於替所有人訂價碼，把人跟玩具一樣，按照市場行情的高低擺在櫥窗不同的位置。但這位漁夫的價值已經遠遠超出社會的最高標準了。

我不禁在想，以生命歌頌自由靈魂的人，身價絕對不低，但肯定不會留名青史。單純的印度村民們早已看透，皇帝不過是困在帝國裡面，打扮得比較體面的奴隸；百萬富翁用自己的財富打造黃金牢籠把自己關進去；而這位漁夫在光之國度是自由的。當我們在黑暗中摸索前行時，不管碰到什麼都會當成唯一的希望而緊抓著不放。一旦恢復光明，我們把手鬆開，才會發現原來我們握的只是全體的一部分，而且我們和全體有著密不可分的關係。心思單純的漁夫知道，自由的真諦就是不被自我和外在事物所綁架，那些只會製造出狂熱的占有感。漁夫更明白，自由不是斬斷連結，空無一物，而是單純體會存在的快樂。他唱著：「一個人潛得夠深，就沒有達不到的地方。」他繼續唱道：

讓我的兩顆心相遇並結合，
帶領我進入美好之城。

我們的一顆心在五光十色的世界四處追尋外在的目標，另一顆心則尋找內在的一致和諧；當這兩顆心不再起衝突，便能幫助我們體現那無法言喻的境界。詩聖卡比爾（Kabir）的詩歌裡也做出相同的啓示：

若主張最高眞理只存在內在的靈性世界，便是貶損外在的物質世界；若說最高眞理只存在外面，那也不是眞理。

根據這些歌者，眞理存乎合一，也因此自由便在眞理的實踐之中。我們每日的祈禱和冥想，都是爲了讓我們的心智能夠克服它與其他存在分離之後所形成的障礙，進而實現至高的合一，也就是無限。這種普遍存在一般印度人心中的哲學智慧，啓迪了我們的日常修行，驅策我們跨越表象世界，因爲表象世界所發生的事不會與我們的心產生共鳴，就像外星人的聲音我們是聽不懂的；哲學智慧傳達的訊息是，解放必須深入萬物的內在眞理，此時，無限的「多」會以「一」表現出來。

物質世界的自由也會以它自己的語言表達出相同的意涵。如果顯現在我們面前的自然現象彷彿是難以理解、跟我們毫不相干的異形，那麼我們雖然住在地球上，卻永遠無法獨立自主。發現世界運行的秩序與我們的理性和諧一致，我們便能領會人與環境的一體性，並因此感到自在。

抱持著錯誤世界觀長大的人，沒有從知識與理解力的關係中體會到人與世界一體的道理，他們被沒有希望的宿命論塑造成怯懦的膽小鬼，碰到外界的打擊總是悲觀以對。當權利被侵犯時，他們不抗拒而是聽命，習於接受外界強加在他們身上的汙名，以及難以預料的悲慘境遇。

社會與政治層面上的缺乏自由，則是基於不完整的一體感而導致的精神疏離；一體感的缺陷造成我們不自由。大家可以想像，當某個人徹底擺脫同伴而獲得自由之身，便不必因爲人際關係對他人負有義務。但弔詭的是，人類世界只有在互相依存的架構漸臻完美時，自由才會誕生。個人主義發展到極致，不負任何責任義務的人等於過著文明來臨前的原始生活，生命的表現亦無法圓滿。這樣的人生是晦暗無光的，好像生不起來的火苗，難以從濃煙的包圍中解放，燦爛地燃燒。只有那些培養出互諒互助的能力的人，才有可能擺脫生命的陰影而得到自由。自由前進的歷程，可以說是人類關係成長的演進史。

有人認爲存在的本身是邪惡的、不幸的。這個想法是出於人的盲目，忽略了存在的眞相還有另一面。舉例來說，鳥兒如果只想用一邊的翅膀就飛上天，一定會被風無情地打落地面。眞實一旦出現裂痕，就會變成有害的眞實。之所以有害，是因爲這種眞實不可能實現。死亡不會使我們痛苦，但是疾病會，因爲疾病一再提醒我們健康的重要，卻不讓我們擁有健康。停留在半個世界裡的人生是罪惡的，因爲明明不完整卻必須假裝圓滿，就像你給口渴的人一個杯子，裡面卻沒有裝水一樣。沒有完成整個週期的片段眞實，正是悲劇的根源。週期的終點，就在個體實現整體，獲得了自由的那一刻。

由於自由是眞實的內涵，不會表現在外，所以任何速成或強取的途徑都不是正道。一位籍籍無名的鄉村詩人唱出這首歌：

噢，殘忍的人啊！你如此性急，非得用烈火逼迫心靈的花蕾嗎？你會將它摧毀，用你的焦躁燒掉它的芳香。難道你不明白，我的尊者，至尊上師，花費數百年栽培完美的花朵，從未有一刻慌張倉促？因爲可怕的貪念，你藉著蠻力達到目的，這有何用啊，性急的人？「孔武有力的人，」詩人瑪丹說：「別傷了上師的心，你要知道，只有順著流水、放下自我的人，才聽得到水聲，噢，性急的人啊！」

詩人知道，想靠著掐住某人的脖子來攫取自由，是辦不到的。只有放下自我，透過內在修練才能通往自由。各種形式的束縛對於內在自我有強大的控制力，表面上看不出來，但足以蒙蔽我們的理智，限縮我們的視野，也讓我們做出誤判。

讓我用一首孟加拉包爾人的詩歌作爲本章的結尾。這首詩歌有超過百年的歷史，講的是有限個體與無限靈魂亙古不變的結合。在這樣的關係裡，不會有所謂的解脫，因爲愛是沒有邊界的，因爲它是讓眞理獲至圓滿的內在關係，也因爲絕對的獨立代表著沒有一丁點兒的卑屈。歌曲這麼唱著：

靈魂的蓮花從沒停止盛開，它綻放了一個又一個世紀，我離不開它，你也一樣。它的花瓣開了又開，沒有止息，它的蜜如此甜美，你會像著了迷的蜜蜂那樣，永遠不想拋下它。最後你也離不開了，而我和自由，都不復存在。

十四　生命的四個階段

The Four Stages of Life

之前特別強調過，我討論的宗教觀完全以人爲主題，從人性面的角度幫助人們在態度和行爲上達到無限的境界。我們知道印度人的觀念都偏向超越論，也就是不把宗教視爲最終結局，而是一種通往更遠目標的法門。這個目標，是具有共同體意識的個體超越人類極限的全然解放。

我用科學來類比，向西方讀者解釋這種極端的神祕主義，因爲在物質知識的領域中，科學也跟神祕主義一樣，讓我們穿越外顯的表象看進事物的內在實相，萃取概念性的原則；它使我們的心獲得理性論證的自由，不再爲感官所奴役。

用常識可以理解的世界觀總是顯而易見，這對我們來說極其重要。就實用性而言，我們覺得地球是平的，太陽從西方地平線落下，而且不管偉大數學家怎麼證明時間差的存在，我們相信有一個可供對照的標準時間。在藝術和日常生活的相關議題上，我們對事物的觀點必須憑藉它們表面給我們的感覺，而不是它們的本質。然而，當科學發現遠超出人類靠直接觀察得到的感知，便爲人們帶來純然而無私的喜悅，以及對世界脈絡的超感官理解。科學帶給我們神祕的物質知識，經常超乎我們能夠想像的範圍。我們追隨那些經過理性訓練，不受表面或個人好惡所影響的導師，謙卑地接受科學。他們的心智能到達無限遠的時空，在那裡沒有善惡、高低、美醜、實用或無用之分，所有的一切都享受了無差別的理解和存在的權利。

印度人嚮往的終極靈性自由也具有類似的體現，它擺脫人類的一切侷限，跨越道德和審美的分際；那是純淨的存在感，得到至喜覺照的最終實相。雖然科學把我們的思想推往人類心智所能理解的極限，但是它用邏輯符號創造出來的和諧，它自己卻無法超越。也就是說，在科學的範疇裡，小雞來自於雞蛋，而不是來自牠本質上是小雞的事實。但印度的瑜伽認為，透過高度專注與靜心的過程，我們的意念確實能到達一種知識不再是知識，主體與客體合而為一的無限之境，那是一種不能言傳，只能意會的存在狀態。

我們每人都有「個人我」。這個個人我費盡心力想去營造一個沒有行動限制、需求一概得到滿足的世界。但在追求的過程當中，我們察覺到自我的實現是透過克己與自我犧牲而達到完美的層次。這項認知使人在普世的根本眞實，亦即在人類價值的道德與精神基礎之上，發現自身的意義。這就是我們的宗教。科學是普遍現象經過推理後的知識解放，只不過範圍不會超越人類的推理能力；宗教是普世人性當中的個體性解放，但兩者在人性面上並無二致。

古印度的心靈探索大師主張人可以做到更深遠的解放，進入完全自由的無盡空間，他們認爲這個概念不只是一種學派，更重要的是有助於人類達成最高目標。因此，一條修練之路隱然成形，隨著人生各個階段的演進而開展，讓我們的人性漸臻完美，最後超脫自我，抵達自由的終點。

——

人的完美有兩個面向：**本質的完美**和**行事的完美**；兩者在某種程度上各自獨立。可以想見，透過一些訓練或強制力，可以迫使不算好人的人做出好事。從事危險行動的人通常會意識到行動的危險性，儘管這些人很多都是膽小鬼；他們做的這些事情也許不錯，可能在之後會繼續發揮效果。然而，這並不是效用的問題，而是道德圓滿的問題，重點是每個人在自己的善行中必須是眞誠無虛的。人展露在外的善行也許持續結出善果，但內在品格的圓滿有它難以衡量的價值，對個人來說是心靈的自由，對人類則是龐大的資產，即便我們不一定察覺得到。

行善的意涵在於人的靈性脫離自我本位，藉由利他行動表達對普世人性的認同。它的價值除了利益他人，也在於彰顯的眞理可以讓我們觀照內心，瞭解到人不僅是七情六慾的生物，還擁有自由自在的心靈。在人的世界裡，善行正如愛，象徵著個體的自由。我們的內心必須眞誠無虛，目的不在世俗的責任義務，而是求心靈的滿足，與至善至美之人同步，與永生之人合一。如果做不到，機械式的完美可能凌駕於心靈圓滿之上。爲了體現人與萬物的和諧，人應該過著既能帶來自由的人生，也擁有超越人生的自由，這是最理想的模式。

無疑的，自然爲了達到它的生物性目的，想辦法讓我們忘記死亡，以堅定我們對生命的信念。然而，不只是我們的肉體存在，連自然所打造的環境，都可能在勝利的那一刻遺棄我們；空前的繁華茂盛會走到盡頭，化爲一場空；最強大的帝國在搖曳狂歡的燈光中慢慢僵化而傾圮。這些道理都對，但我們聽得厭煩了。

話說回來，縱然生命所有的關係最後都逃不過一死，我們也不能在這些關係還存續的時候刻意忽視。如果我們因爲它們不是永恆便視而不見，最後該付的代價還是要付，另外還得加上高額罰款。忽視實際存在的關聯，儘管它們非常短暫，只會讓這些連結變成更牢固的束縛。靈魂是美好的，但自我必須先被超越才可能碰觸到靈魂。如果把通往目的地唯一的那條路拆掉，我們還到得了嗎？

古印度的偉大先賢們看到人類的心靈何其偉大，如同創造之神梵天那般的莊嚴與尊貴無限。有限的觀點都是不完整的觀點。人如果只是一名市民或國民，無法走到他的終點，只有永恆的靈魂不會被城市、國家，甚至是被稱為世界的泡沫所約束。

古印度君王帕特利訶利（Bhartrihari）曾說過：

找到所有欲望的源頭又怎樣？把仇敵的脖子踏在腳下又怎樣？家財萬貫，追隨者眾又怎樣？即使能長命百歲，那接下來呢？

這段話的意思是說，人類比所有腦中想得到的目標更有意義。唯有得到自由，人才是眞實不虛的。

但是人在追求自由的過程中必須約束自我，使自己的意志力不致於用在其他地方而被分散或浪費掉，然後從這種限制當中獲得方向。那些追求政治自由的人往往犧牲道義與良知自由，爲了鞏固政治勢力而不斷限縮思想與行動自由的界限。

印度人最初願意接受社會制度的箝制，爲的是超越社會，就如同騎馬人爲馬套上韁繩，把腳套進馬鐙一樣，爲的是加快速度，早日抵達終點。

宇宙萬物的運作與構造是有道理的，它不會讓欲望變成一首沒完沒了的歌。所以音樂停在一半會讓人感到不快，聽到最後一個音結束會令人感到愉悅。

印度智慧並不贊成正在進行間的事物突然中止。當然，世界從創始之初直至今日，歷經起落盛衰仍不斷地運行；但同樣明顯的是，每個人與世界的連結總有一日會告終。難道這段因緣沒有結果就得結束嗎？

所以我們印度人在世間的生活分配，是把工作擺在中段，自由是壓軸。如同一天可以分成上午、中午、下午和晚上，印度也根據人的本質，將生命分成四階段。日子依據光照而有明暗的變化，人的體力也一樣有強弱的週期。

印度人應用這個概念，爲生命的遞移建構出一套前後連貫的四階段概念。

首先是以陶冶教育爲主的**求學階段**（*brahmacharya*）；其次是**世俗歷練階段**（*garhasthya*）；接著是責任與關係了結的**歸隱山林階段**（*vanaprasthya*）；最後是等待超越死亡的**解脫與自由**（*pravrajya*）。

我們習慣性地認爲生的相反是死，死亡彷彿是侵犯生命的敵人，生命的結束跟自然不相干。我們生命的每個階段都在徒勞地處理兩者的衝突。在青春開始消逝之際，我們竭盡全力想把它留住；當欲望的熱度減退，我們趕緊加油，想辦法再度點燃它；當感官遲鈍，我們會逼迫它們不能停，繼續努力下去；即使控制的力道鬆懈了，我們亦不甘就此放手。我們不習慣把必然視爲自然，因此也就無法優雅地放手，讓該離開的好好離開，總是等到它們從我們手中被奪去。眞相來臨，我們無法待之以禮，只能被它征服。

瓜熟蒂落，雖然果實脫離樹木，但種子會因爲儲滿養分變得堅實，迎接下一次生命的開始。隨著年齡增長，我們外在的失其實伴隨著內在的得。然而，意志是人類內在生命的主宰，所以能得到什麼要看個人的修爲；這便是爲什麼修爲不夠的人無法籌措生命下個階段所需的能量。常看到一些人視茫茫、髮蒼蒼、齒牙動搖，卻緊抓住生命的尾巴不願鬆手，想憑藉意志力繼續掌管俗務，甚至死後的一切。

我們必須學習捨棄，有捨才能有得——這才是精神世界的眞理。

花朵必須等待花瓣凋謝才能結果，果實也必須掉落才能使果樹重生。胎兒離開母體，身與心才能進一步發展以支撐接下來的生命；接著，心靈會隨著個體的獨立而形成，人生進入更完整的階段，親情與友誼擴展了生命的視野；最後出現的是身體的衰老，欲望的散去，而經過生命歷練的心靈也會離開狹隘的個體生命，與全體生命匯聚並獻出過往累積的智慧結晶，終而進入永生；當衰敗的驅體走到筋疲力竭的地步，靈魂便揮揮衣袖，不帶一絲遺憾地瀟灑離開，期盼進入永恆。

從個體到群體，從群體到宇宙，從宇宙到無限——這是靈魂的既定路線。

古代先賢們知道這條路線將通往何處，所以不會在生命的起始階段只塞給我們書本和其他僵化的教材，而是讓我們在生活中學習並體驗紀律，享樂與苦行並重，藉以修練人品。生命是一段朝聖之旅，在創造之神梵天的懷抱中得到自由是最高的目標。抱著朝聖之旅的虔心和堅定態度，在生命各個階段一步步向前，是一種心靈的修練。學習者的目光會在啓程的那一刻開始，看向旅程的終點。

倘若我們的理智拒絕接受溫和的節制，之後一旦受限就不會知道那是該停止的信號，反而像提油澆火一樣，在碰撞之後讓欲望燒得更旺。所以自生命的初期就應該訓練我們的理性去體察、遵循並擁抱自然法則，培養快樂自在的心態以及隨時可捨棄的心理準備，這是很重要的。

緊接著學習階段而來的，是世俗生活的歷練階段。大師曼努（Manu）告訴我們：

> 不食人間煙火者，自我修練的效果絕對比不上留在人世間以智慧生活之人。

這是說，智慧圓明只能透過實實在在的生命修練來達成；脫離智慧的修練不是眞正的修練，只是缺乏內涵的慣性，戴著僞裝面具的愚行。

事功，特別是良善的事功，在我們學會如何節制欲望之後會變得輕而易舉，使世俗歷練階段成爲人間福祉的中心；這在邁向最終自由與解脫的道路上非但不會成爲阻礙，反而是助力。

第二階段結束，體力的衰退昭示生命即將進入自然週期的尾聲。對於一個仍願意堅守崗位的人來說，他無須悲情地把這個發展視爲驅逐，而是要欣然接受階段性任務的完成。

胎兒離開母親的子宮之後，還有一段緊密依附母親的階段，維持既分離又親密的關係，一直到這個新生的個體能適應嶄新的自由狀態爲止。這是第三階段的生命，遠離世界但不切斷聯繫，同時也準備迎接全然自由的終局。他繼續爲世界貢獻他的智慧，接受來自世間的支援；可是這種互惠交流跟前一個階段休戚與共的特性不同，兩者之間的距離感已經重新定義。

即使是這種自由的關係，也會在某個時點劃下休止符，被釋放的靈魂再不被任何俗務糾纏，朝著至高性靈的方向前進。

唯有透過這個方式，世俗人生才眞正從一個階段結束而進入下一個階段。人們不再費盡心力與死亡纏鬥，即使死亡現身於生命軌跡之時，也不會有被敵人殲滅的挫敗感。

印度的四階人生規畫有助於人們順應宇宙法則，使人與世界達到美好的和諧；在這樣的關係當中，人的欲望經過正道的導引與調節，不至成爲脫韁野馬而演變成具有毀滅性的個人主義。

與這個觀點密不可分的一項前提，就是在理想的人生型態當中，包括個人勢力和國家強權在內的一切事物都是次要，我們的靈魂永遠排在第一順位，並且應跳脫個人主義的框架，否則靈魂將永遠被侷限在無止盡的輪迴中。

排除個人主義的這個理想目標，在印度尚未普遍得到認同。許多人的信仰基礎是雙元論，人與神的關係永久不變。對他們來說，宗教象徵終極的眞理，所以他們不會跟隨那些相信超脫人性、追求存在更高境界的人。他們認爲人的不完美是生命苦難的源頭。但實際上，我們在種種限制和困難當中還能實現愛，這份愛足以接納所有的悲苦，並使我們從中昇華。

結語

鳥，在梵語中被描述爲「誕生兩次」，第一次誕生在蛋殼包圍起來的空間之中；第二次也是最後一次，是生於無際天空的自由之中。跟我們秉持相同理念，認爲人的有限自我會在靈魂自由當中得到解放的人，也帶有這樣的特質。人在生命的各個面向都展現了這個雙元性——由外顯事件建構出的存在，以及在深刻意識裡的超然存在。

與生俱來的本能會時時催促人要跨出那條界線，所以他永遠不會認爲眼前所見即爲一切，他會不斷地衝撞阻擋他踏出去的那道牆。但在同時，他也必須對抗另一股勢力，那就是人的生物性，他甚至會因爲挑戰生物法則而感到激動萬分。正是因爲遵循這份不放棄探索遠方的本能，才有今日人類文明的珍貴財富。人渴望實現眞理，並不只是爲了滿足需求，而自我實現的動機同樣也是超越個別利益。這一點證明了人的無限性，而人所展現的眞與善也使得人的宗教變得更加眞切。宗教只出現在人類社會，是因爲只有人的演進是從提高生物效率朝向靈性圓滿。

根據吠檀多派（Vedanta）的詮釋，婆羅門是絕對眞理，不具人格的「它」。婆羅門的內涵不區分彼此、善惡、美醜或其他特性，唯有一項例外，就是在永恆寂靜、空無一物、了無思緒之中，有一股無法訴諸言表的幸福感。然而，因爲我們的宗教只有在被人類所理解的現象世界才有意義，婆羅門這種絕對概念已經超出我們的討論範圍。我在本書試圖闡明的，就是不管我們用什麼名稱來指涉神聖實相，它在我們的宗教發展史當中占有最崇高的地位，原因就在於它的人性特質使罪惡與聖潔的概念具象化，也提供一個理想典型與人類本質皆能和諧共存的永恆空間。

印度具有千年的傳統文化。我曾經講過，藉由修習瑜伽的過程，人可以超脫所有人性牽絆，進入純淨的最高婆羅門（Parabrahman）的意識狀態。這個說法沒有人會質疑，因爲它是來自個體的直接經驗，而不是出於推理邏輯的結論。有些人能短暫地進入三昧（Samadhi），那是自我與無限合一的狀態，同樣也是一種難以言喻的境界。這些經驗在印度都很普遍。我不否認這些經驗的眞實性，但希望讀者們也相信其他人的證詞，他們對某個「存在」懷著深刻的愛，那是一種和諧、一致、合一的巨大情感；這個存在容納了所有人性的知識、意志和行動。那就是神，祂不僅是所有眞實的總合，更是窮盡過去與現在所有努力依然仰望的目標。

附錄

附錄一

現實的本質：泰戈爾與愛因斯坦世紀對談

（以下記錄一九三〇年七月十四日午後，泰戈爾與愛因斯坦在後者位於德國卡普斯的住所的一段對話。）

愛因斯坦：你信仰的神和世界是分離的嗎？

泰戈爾：不是。人類的無限人性能夠廣納宇宙，無所不包。這便證明了宇宙的眞理即人的眞理。我曾經用一個科學事實來說明：物質由質子和電子構成，雖然看起來是堅實的固體，但兩種構成要件之間存在著空隙。同樣的，人類由個別的人所組成，人與人之間的關係把所有人都連結起來，使人的世界變成一個共同體。整個宇宙也是這樣與人相連，這就是人的宇宙。這個想法是我在藝術與文學創作，以及人的宗教認知的發展過程中逐漸成形的。

愛因斯坦：關於宇宙的本質，有兩種不同的看法：一、世界是應運人類而存在的實體；二、世界是獨立於人爲因素的現實。

泰戈爾：當我們的宇宙與永生之人的關係和諧一致時，我們認知的宇宙便是眞理，也能體會宇宙之美。

愛因斯坦：這是純粹的人的概念的宇宙。

泰戈爾：這是唯一的概念。這個世界是人的世界；科學的觀點也是科學家的看法。某種理性和情感的標準賦予世界眞理，也就是永生者的標準，而他的經驗是透過我們的經驗而來。

愛因斯坦：這是人類存在的體現。

泰戈爾：沒錯，這是永恆的實體，必須透過情感和活動加以體現。我們體現的至高無上者，透過我們的有限，便不再有個別的有限。科學所探究的，是不受個體限制的客觀人類世界的眞理。宗教體認到這些眞理，並將其與人們更深沉的需求加以連結；我們對眞理的個別覺知從而獲得普遍意義。宗教賦予眞理價值，而我們透過與眞理的和諧關係，認知它是美好的。

愛因斯坦：也就是說，眞理，或者美，都取決於人嗎？

泰戈爾：是的。

愛因斯坦：如果沒有人，那麼貝爾維德爾的阿波羅雕塑也就不再美麗了。

泰戈爾：沒有錯。

愛因斯坦：我同意你對美的看法，但眞理這部分不能認同。

泰戈爾：爲什麼？眞理也是透過人才體現的。

愛因斯坦：我無法證明我的看法正確，但那是我的宗教。

泰戈爾：美蘊藏在追尋完美和諧的理想中，完美和諧存在普世萬物之中；眞理是對於全體心智的完美理解。個體從自身的錯誤和挫折、經驗累積以及感悟當中，逐漸趨近眞理。除此之外，我們如何能認識眞理？

愛因斯坦：我雖然無法用科學的方法證明眞理必須是獨立於人類而存在，但我堅信這一點。舉例來說，幾何學當中的畢氏定理大致說來是眞實不虛的，我相信它不會因爲人類存不存在而有所變化。不管怎麼說，假設眞的有獨立於人類的現實，也會有相對於此現實的眞理；同樣的，否認前者將會導致對後者存在的否定。

泰戈爾：體現於普世之人的眞理，本質上必須是人的眞理，否則的話，個體理解爲眞的結果都沒辦法被稱爲眞理——至少是那些被視爲科學的眞理，它只能用邏輯推演出來，換句話說，是運用人類的思考器官想出來的結果。印度哲學體系中的絕對眞理，脫離了個別心智便無法被理解，也無法僅用言語表達；個體只有完全融入梵天的無限才能夠理解。但這樣的眞理不屬於科學。我們此刻討論眞理的本質，是一種表象，它對人的心智而言爲眞，因此必然是人的眞理，或許可稱之爲幻覺（*máyá*）。

愛因斯坦：那麼根據你的看法，或許也是印度的觀點，眞理不是個體的幻覺，而是全人類的幻覺。

泰戈爾：在科學領域裡面，我們的訓練是消除個體心智的侷限，邁向普世之人的心智所理解的眞理。

愛因斯坦：問題在於眞理是否能脫離我們意識。

泰戈爾：我們所謂的眞理，存在於主觀現實與客觀現實之間的理性和諧，這兩者都屬於那位超越個體之人。

愛因斯坦：即使在日常生活中，我們也會把一些東西視爲獨立於人的現實，這是因爲我們希望合理地把不同的感官經驗串連起來。比方說，即使屋子裡空無一人，那張桌子依然留在那個地方。

泰戈爾：沒錯，它雖然沒有留在個人的心智內，卻未脫離普世之人的感知範圍。跟我的感知力一樣的感知力，也能意識到我所意識到的桌子。

愛因斯坦：相信眞理獨立於人類而存在，是自然發生的觀念，沒辦法去解釋或證明。任何人，即便是原始人，都抱持這樣的信念。我們認爲眞理具有超乎人類的客觀性；這種與人的存在、經驗和心智分離的現實是必須的，儘管我們說不出所以然。

泰戈爾：經過科學的證明，以固體型態出現在我們眼前的桌子，實際上只是表象。因此，如果人的心智不存在，依靠心智所感知的桌子就不會存在。我們必須明白，桌子的基本物理現實只不過是無數分散旋轉的電力集合而成，而人的心智也接受這個事實。在理解眞理方面，普世人類的心智永遠都與侷限在個體當中的心智發生衝突。這兩者不斷的和解過程，透過我們的科學、哲學和倫理學傳承下來。無論如何，如果有任何完全無涉人類的眞理，它對我們而言絕對是不存在的。

有些事件的連續性存在於時間而不在空間，比方說音樂，這並不難想像。如果心智對於現實的概念是類似音樂的概念，那麼畢氏幾何學就失去意義。白紙的現實與文學的現實截然不同。對於吃紙的蛀蟲來說，文學是絕對不存在的；但對於人類來說，文學的價値遠高於白紙。同樣的，如果有什麼與人的感覺或理性無關的眞理，只要我們還身爲人，這種眞理就什麼也不是。

愛因斯坦：這麼看來，我比你更虔誠！

泰戈爾：我的宗教就在與至高無上者的和解中，在人類普世的精神中，也在我的個體存在裡。這是我在希伯特講座的演說主題：人的宗教。

附錄二

孟加拉地區的包爾人

（包爾人世居北印度。以下這篇介紹是任教於平安居所★的克須提・沈恩教授發表在校內季刊的文章。）

包爾（Baül）源自梵語，原指人的個性魯莽，之後用來指稱不遵從社會規範、特立獨行的人。納拉哈里（Narahari）的詩也證實了這個名稱的意涵。

我的兄弟，我因此成爲狂妄的包爾人。
權威、訓令、槍炮或禮教，我不屑一顧。
人爲的界限無法阻擋我，
我只服膺愛帶來的喜悅。

有了愛就沒有分離，只有結合，

我以歌舞與世界同歡慶

這幾行詩同時也揭示這群人的重要理念。事實上，包爾人追求自由，想掙脫的不僅僅是各種形式上能輕易分辨的外在束縛，還包括內在欲望與喜惡形成的衝動。因此，他們認爲人若要得到眞正的自由，必須先讓人的世俗部分死去，才能棄絕所有無關緊要的要求。一些具有伊斯蘭傾向的包爾人稱之爲「生之死」（*fana*），這是蘇菲派（Sufis）用來指稱人與至高無上者合而爲一的用語。包爾人相信眞愛不能與任何形式的強制或衝動並存。只要一天不擺脫倚賴，就不可能獲得眞正的自由。愛是生命的財富，這種財富是超越需求的。從艱深而實用的政治學到晦澀抽象的形上學，印度在每一個領域都發揮絕佳的創造力。然而，這些成就不管是分開或合起來看，都不足以構成印度獨特的才華；沒有一項能讓印度展現她的高度，或是觸及她最深的豐富內涵。只有當我們進入性靈、了悟神性的範疇，才會理解最接近原貌

★譯按：Santiniketan，泰戈爾所創辦的學校。

的自然，以及印度人的境界與智慧；印度人正是在這樣的眞理歸屬之中生活與行動。

包爾教派的成員有人定居某地，有人則四處流浪，共同點是一概不承認任何的階級或種姓之分，不崇拜特定神祇，也不興建或造訪廟宇或聖地。他們會在宗教慶典（主要是毗溼奴節）時擇地集體慶祝，但不會走進任何寺廟。他們也不會在禮拜或冥想的地點擺設神像或具有宗教意涵的符號。只有一些專供地位崇高的大師或教徒使用的地方，他們會細心維護，但絕不會在那裡行任何祭祀或敬拜的動作。他們歡迎被印度教和伊斯蘭教徒視爲階級低下的人加入他們的行列，也因此這兩派教徒對包爾人都抱著鄙視的態度。包爾人對廟宇的排斥可能來自於地位低賤的教友被排拒在廟門之外的經驗。他們表示，至高之神的住所正是人類的身體，所以人還需要什麼聖殿？人的肉體常被多數宗教所刻意忽略，但對包爾教派來說，人的肉體即聖殿，是最神聖的所在。包爾人透過這樣的信念來彰顯人的尊嚴。

印度古詩人卡比爾（Kabir）、錫克教大師那納克（Nanak）、神祕主義詩人拉維達斯（Ravidas）和悟道大師達杜（Dadu）及其門徒，俱稱身體即神殿之所在，身體代表至尊至大所在的縮影宇宙。

卡比爾說：

此身即爲天堂樂園；七大洋與萬點繁星盡在其間；造物主在此顯現。（I. 101.）

達杜說：

身體是我的經典；至慈至仁者在此爲我寫下神旨。

拉賈（Rajab，達杜的伊斯蘭信徒）說：

虔誠信徒的心是篆刻生命經典的書頁。可嘆閱讀之人寥寥無幾，對內心的啓示充耳不聞。

印度人多以不同的蓄髮或蓄鬚型態來象徵各自所屬的教派或地位。包爾人不願意被錯誤歸類，便任由頭部和臉部的毛髮自由生長。他們認爲簡單最好，這點與錫克教徒類似。

但包爾人不認同衣衫不整或裸露身體的行為。根據他們的說法，全身上下應該用端莊的方式遮掩，所以他們習慣著長袍。假使買不起新衣，他們也會想辦法蒐集碎布，用拼布的方式做成衣裳。所以從外觀看，他們又與遁世雲遊的苦行修士不同，倒像是佛教僧侶。

包爾人不主張離群索居或拋棄與任何人或事的關係；證悟的途徑是與天神和神蹟的合一、忠誠與交流，這是他們的中心思想。他們解釋，人之所以無法體認神的殿堂存在肉體生命中，是因為心中的燈還沒被點亮。只要具有真正的洞察力，便能看清楚每個人身上都有一座敬拜天神並傳遞思想的神殿。倘若生出鄙視心，真理就無法傳遞。因此人必須仔細探察他人身上閃耀的神聖光亮，如果看不出來，覺得黑暗一片，那只是因為你自己缺乏這份洞察力。

針對這點，卡比爾就提到：

每一處都有光；目盲之人才看不見。只要仔細看，最後定能察覺，那塊遮蔽世界的黑布終會裂為碎片。（II. 33）

信徒說目標仍在遠方，是因爲他並未進入共享與交流的境界。（II. 34）

我們可以看到，包爾人的言論與中古時期北印人有許多共通性。不同的是包爾人沒有發展出任何的階級制度或宗教組織，也因此在孟加拉地區的包爾人一直保持著心智上的獨立自主，足以抗拒任何限制心靈的行動。他們的詩歌展現的勇氣和詞藻優美，都是獨一無二的。可惜現今的大環境對他們的生存十分不利，他們不是面臨絕跡的風險，便是被迫放棄自己的特質。在包爾文化徹底從這個世界消失之前，若沒有把他們的事蹟記錄下來，將是令人遺憾的一大損失。

包爾人認爲他們的追隨者來自印度教與伊斯蘭教各教派或種姓，然而大部分還是來自社會底層。除此之外，他們不會用其他的身分來自我介紹，只說他們是包爾人。這群人不承認任何社會或宗教儀式，只喜愛生命中不斷變動的際遇。他們採用難以形容的韻律與曲調作成詩歌，藉此捕捉生命的意涵。

這些詩歌在師徒間一代一代地傳承，有才華的門徒也可以自創。如前所述，包爾人的文化傳統都沒有文字記載。每當有人問問題，他們總是可以唱出一首剛好足以回應的歌。問他們原因，他們便說：「我們就像鳥兒，不用腳走路，而是用翅膀飛翔。」

在比克藍普（Bikrampur）有位名叫雀古·塔庫兒（Chhaku Thakur）的婆羅門，因爲追隨了某位低種姓包爾人而遭到整個氏族的驅逐。有人警告他要注意言行以免引發大規模的詆毀，他的回應也是一首歌：

> 就讓他們隨心所欲，說出想說的話吧，
> 我選擇走上那條簡單的路，無所畏懼。芒果的種子會長成芒果樹，而不是李子樹。我的種子會長出眞正的我——一切榮耀歸於恩師！

包爾人最崇尚的價值是愛。曾經有個毗溼奴教信徒問一名包爾人，他是否知道毗溼奴經典中列出的幾類情愛。後者答道：「像我這樣沒讀書的文盲，要知道什麼經典？」於是毗溼奴教信徒自告奮勇把那一段經文唸給他聽，他也耐著性子聽下去。聽完之後問他的意見，他唱起下面這首歌：

我說啊，一名金匠來到花園，
當然，他讚嘆蓮花之美，
讚嘆的方式是拿花去磨試金石！

高種姓人士成爲包爾人的例子相當罕見。如果有人這麼做，他們的地位會降到跟其他人一樣。但他們反駁說：「船的下層甲板難道會比上層甲板更不重要嗎？」有一回我坐在比克藍普的河岸上，身旁是一名包爾人。我問他：「老爹啊，爲什麼你們不想留下一些歷史紀錄給子孫使用呢？」他說：「我們崇尚簡樸，所以身後不留東西。」退潮了，河床上幾乎沒有水，只看到幾個船夫在泥濘的河道上推著船。包爾人接著說：「在漲潮的河面上航行的船，會留下痕跡嗎？這些不得已在缺水河道上工作的船夫，要知道什麼簡單之道呢？眞正該努力的，是讓自己在信仰的潮水中與其他同道順勢流動，使彼此的精神與信仰交融。包爾人涵蓋眾多階級，但全都是包爾人，沒有其他的成就，也不會有歷史。所有的河水注入恆河之後便成爲恆河的一部分，所以我們也要讓自己消失在共同的水道當中，否則這條大河就不存在了！」

另一名包爾人被問到爲什麼不遵循經典時，他答道：「難道我們要像狗一樣去舔拭其他人留下來的東西？勇者因自身能量帶來的成果感到欣慰，他們創造自己的慶典。那些懦弱無能的人沒有自我肯定的力量，只能依靠前人的遺物。他們擔心未來沒有可慶祝之事，便費心撿拾祖先拋下的斷簡殘篇供日後運用。他們不知道如何爲自己創造，只求讚美過去的光輝歲月。」

如果你想認識那位至聖之人，
必須從簡單做起。
你必須進入那簡單之境。
循著人類成就之路前行的追尋者，
從眾之人拾起虛妄的稻穗，
從實際當中能得到何許新意？

這就不難想像，有思考能力的人會討厭歷史了！

我們已經注意到，包爾人跟所有崇尚自然簡樸的人一樣，並未建立聖地或朝聖的觀念，他們只有在宗教節日集會歡慶。如果你問他們，會得到這樣的回答：

我們只會留在船夫招呼所及的近處，以便隨時聽到他們的呼喚，
這樣我們才能知道這條船正確地漂流在自然的河道上。

對他們來說，有價值的並不是以前說過或做過什麼，而是有生命的人性觸動。

下面這首歌反映出包爾人對於朝聖的看法：

我的心，我不去麥加或麥地那，
你看哪，我一直守著朋友，
若遠走他方，看不清祂的臉，我會發狂。
在清眞寺、廟宇或宗教節日，不會有祈禱禮拜，
在麥加和濕婆神廟的每一步；每一刻都聖潔。

假使詢問包爾人，他的教派出現在哪一段歷史期間，他會回答說：「世上只有

人爲的宗教才會受時間所限。我們的自然宗教無遠弗屆，既沒有開始也沒有結束，它屬於每一個世代。」根據這個看法，婆羅門教的《奧義書》和印度教的《往世書》（*Puranas*），甚至吠陀時代的經典，都是人爲、不自然的。

這個自然教派的信徒相信現世的宗教體驗。他們提出眞理的無生命和有生命兩個面向。單獨存在的眞理對人沒有用處，只有體現在活生生的人身上，它的價值才會無限提升。包爾人認爲死氣沉沉的眞理轉爲生氣蓬勃的過程，好比草料被牛吃下肚後變成鮮乳，或者像僵直不動的樹木結出甜美的果實。有能力賦予眞理生命力的人就是宗師（Guru），因此他們具有特殊的崇高地位。永恆而無所不在的眞理只有透過親身體驗才會降臨。

包爾人說時間與空間都該留白。神在人的內心保存一處留白的用意，是爲了展現祂的愛。智慧博學的人們因爲發現梵天之中的「那個」，也就是終極本質，便感到心滿意足。然而，包爾人不想當梵學家，沒有興趣窮究所謂的「那個」，他們只對「人」感興趣。所以包爾人信仰中的神是「心中之人」（*Maner manush*），有時候也簡略以「神我」（*purush*）稱之。人們一次又一次地在混亂中失去心中之人，但由於祂是出自內心，因此世間的歡愉並不會讓祂回來或起任何作用。包爾人心之所繫，就在找出這位神我。他們唱著：

噢，我該去哪兒找到祂，心中之人？
唉，我在失去祂的那一刻起開始流浪，
四處尋找祂的蹤跡。

與心中之人分離使人感到極度痛苦，即使靠著學習或哲學思考也難以寬慰：

噢，這些字詞語彙不屬於我的心靈，
我的心必須找到那位至高無上之人。
一日沒有祂，內心的饑渴便一日難解。
我快發狂了；失去祂我便失去方向；
爲了祂，我拋下世界；除了毗沙之外無人願意事奉。

毗沙是一名低種姓的普爾馬利族人（Bhuin-mali），是漁夫巴剌（Bala）的門生。

《吠陀》經當中的〈原人讚歌〉（Purusha-sukta）曾提過崇拜至高無上者的教派，也是介紹此教派的唯一文獻（A.V. 19.6）。中世紀的北印度信徒比較能自由表述。這些目不識丁、不見容於社會的底層人群，在生命中順應自然所信奉的神祇，因爲受到學術界與宗教界的思想和形式體系等等諸多因素的影響，反而變得不易理解。

包爾人不認同經典中的「阿凡達」（*avatar*，天神化身下凡）這個概念，他們以歌唱來表達：

所有的創造物在我們眼中，都是自己的阿凡達。
有關祂的作法，你能教給我們什麼？祂總能施展新穎的手法。

卡比爾也這麼說：

所有人都明白永生，只有信奉者在獨處時認得出祂。

有個包爾人被問到，爲什麼他的長衫不是苦行僧的赭色？他的回答竟讓我一位朋友大感驚豔：

如果顏色不是從內在透出來，又怎能顯露在外？在水果的表面上色，就能讓水果得到成熟的甜美滋味嗎？

包爾人極度不認同以外在條件來區別人類；居住在北印度的信徒也接納這個觀念，這點我曾經提過。

歷經數世紀之久的二元論與一元論之爭，因爲這群堅持走在愛的路上的吟遊詩人，竟然輕易地解決了！包爾人相信愛是最簡單的努力，所以要去愛這份自然存在的親密關係。他們說：「以愛爲名，永遠是二，永遠合一。」也就是說，在愛當中，無須失去自我亦能達到合一。

爲了體現個體與神相互的愛，物質世界與精神世界、外在要求與內在呼喚之間的對抗，同樣也需要和解。包爾人相信神即愛的化身，足以調和內在與外在的發展取向，使兩者同步並進。

卡比爾說：

倘若我們說祂只屬於內在，那麼整個宇宙將感到羞愧。
倘若我們說祂只屬於外在，這也不對。
祂的雙腳，平均立於生命與無生命兩邊，
祂消弭了內在與外在世界的隔閡。

身體和宇宙的內在關係有賴靈性的修習，這稱爲卡亞沙丹（*Kaya Sadhan*），意思是藉由身體來實現。

包爾人修習卡亞沙丹的其中一式叫做烏達斯洛塔（*Urdha-srota*），意思是水往上流。水往下流是普遍的物理法則，但生命肇始之際卻是依循逆法則。種子發芽時，富含營養的汁液會向上輸送，不管枝芽長得多高，這道液體的流動就能上升多高。人類的生命也是一樣。人的欲望往下流向動物界，靈性的擴展則是往上趨向光明。

動物界（*jiva*）的流動必須被轉爲神界（*Shiva*）的流動。所有的流動皆以自我爲中心環繞著，必須藉由愛的力量引動。達杜之女娜妮瑪塔（Nanimata）說：

我的生命如同漂浮在溪流上的燈火，
它要帶我去哪兒？
聖潔如何征服肉體的？
向下流動的潮水該如何轉向？
點起燈，當燈油順著燈芯往上流動時，
身體的渴望便輕易地澆熄。

《勝論瑜伽經》（*Yoga Vasistha*）告訴世人：

不潔的欲望與世俗綁在一塊兒，純淨的欲望帶來解脫。

《阿闥婆吠陀經》也討論了欲望之流的反轉（X.2.9; 2.34），印度人稱之爲從粗鄙（*sthula*）到美好（*sukshma*）的轉換。包爾人這麼吟詠：

愛是珍貴的觸碰，一觸即把欲望轉爲奉獻；
人間渴望成爲天堂，人希望成佛。

泰戈爾在其著作《破碎的連結》（*Broken Ties*）中則提出反轉的另一個面相，他說：「假使我順著祂走向我的方向繼續行走，那麼我將離祂愈來愈遠。只有往相反的方向前行，我倆才會相遇。祂喜愛形式，所以祂繼續朝著有形的方向往下走。我們不能單靠形式而活，所以必須面對著祂的無形往上攀。祂是自由的，所以祂的戲碼在枷鎖中上演。我們被捆綁，所以我們在自由中找到歡喜。一切悲苦皆因我們不瞭解這個道理。唱歌的人因歡喜而唱；聽歌的人因聽到歌聲而歡喜。一人從自由走入牢獄，另一人從牢獄走向自由；這是他們彼此分享的基礎。祂唱著歌，而我們仔細聽著。當祂對我們唱著歌時，祂捆綁了我們，我們在傾聽時，我們便從捆綁中掙脫。」

中世紀的印度信徒也抱持這樣的觀念。

崇尚簡單自然之道的人只是單純地追求神我合一的至喜。世俗欲望被認爲是修習過程中的最大阻礙。根據包爾人所述，爲了消除欲望，有智慧的宗師並不建議追隨者放棄世間的美好，而是開大門讓更崇高的自我智慧進來。因此卡比爾說：

我不會把眼睛閉上、把耳朵摀住、或折磨我的身體。
但我橫越的每一條路都成爲朝聖之路，
不論我從事什麼，都變成貢獻。
單純的實現才是王道。

簡單之道引領它的信徒，自然而然地領會生意盎然的人性眞義。

拉賈說：

全世界盡爲吠陀經，所有創造物即爲可蘭經。爲何辛苦讀經，拉賈！
從宇宙擷取新鮮的智慧。永恆的智慧在百萬人群中閃耀光芒。

包爾人唱著：

簡單之道是三千萬條弦合奏而成的交響曲。

將世間萬物擁抱入懷；讓自己沉浸於永恆樂音中。

接下來我再引用幾首包爾人所做的詩歌來做結論，雖不易理解，但作品宗旨是不變的。

來自那瑪蘇德拉族（Namasudra）的甘噶藍（Gangaram）說：

當你理解有限與無限，
在瞬息之間交融爲一，
你便能掐指計算千千萬萬年，
在一世紀計算每分每秒，
在每分每秒裡發現一世紀，
一滴一汪洋，一沙一世界，
當你順應自然，跳脱爭論和算計，
你將嘗到珍貴的第五元素。

與其終日盲目追尋，
噢，甘噶藍，單純生活吧，所有疑慮將消失殆盡。

巴刺之徒毗沙說：

簡單之人安居在我的心中樂園，
唉，我是如何失去祂？何時失去祂？
在家、在外，我難以平靜。
冥思和數念珠、祈禱和工作，
追尋未曾停歇；
若非簡單之人親臨，
一切對我毫無用處；
抗拒也於事無補。
毗沙的心明白了，
以祂的簡單之道，上鎖的門也能開啓。

「兄弟你聽，人的眞理是最高眞理，再無其他能超越。」千地達斯（Chandidas）如是說。

附錄三

達杜與形體之謎

（本文摘自克須提．沈恩教授發表於《國際大學季刊》〔*Visvabharati Quarterly*〕之著作。）

人類的語言大都用來分析有限世界的各種現象；然而，語言偶爾還是會給我們帶來無限世界的驚鴻一瞥，這是人的心靈穿越物質高牆縫隙的發現。我們用智力可以算出玫瑰有幾片花瓣、做香味的分類，也能描述花的顏色，但只有在賞花時才能領會花的整體和諧之美。

智力帶給我們的，最多也就是片段的認知。預言家雖然飽受科學家與哲學家嘲弄，但他們令人驚嘆的洞察力卻足以讓我們看清事物最完整的眞相。當我們看見整體，就不會去計較細節、數目、類別或區分，因爲我們已經進入靈性的境界。此時我們體現的眞理是用喜悅的強度來衡量。

這種言語難以形容的喜悅，意義何在？我們運用智力理解的一切仍屬於外在，而對於事物整體性的洞察力，需要人們對自我內在一致性的體認，也需要對兩者相互關係的體認。我們可能因爲擁有大量知識感到自豪，但只有徹底瞭解自己與至高無上者的關係有多麼親近時，才會發自內心微笑。當我們對共同體的存在以及我們自己在這個和諧關係中的角色有所領悟時，這就是美。

透過大自然之美、人性的良善，或者犧牲奉獻的精神，我們短暫地感受至尊聖靈（Supreme Soul），繼而接收祂所賜予的莫大喜悅。或許也可以說，當我們在自然、藝術或事奉裡意識到祂的那一刻，美就在我們面前閃耀。不論我們在什麼時機碰觸到祂，所有爭端都會消失，只要有愛與美，眞理就在不遠處，這三者是無法分割的。眞理一現身，我們便沐浴在喜悅中。

人對喜悅的領會是立即發生的，它令人感到別無所求，這是一種最初也是最終的感受。當喜悅發自內心，充滿身心靈，外在世界的任何事物便不會引起我們的欲望。我們都知道，喜悅是衡量美好的綜合指標，這是個簡潔有力的指標。事物有多麼美好都依照我們得到喜悅的程度來判斷，其他的分析都不必要。我們沉浸在喜悅之中，不僅察覺了一致性，還看到它的起點，這是因爲美讓我們認識神，神的萬丈光芒與悅耳旋律都透過美的展現投射到我們身上；若非如此，一切都將失去意義，像是社會組織、文明、人道精神等等，而人類的進程可能在滿足獸性需求，毫無節制的行爲當中畫下句點。

人的領悟力是有限的。直接理解萬物合一的能力更不是人人都具備。部分的覺知力我們是有的，比方說理解一朵花或一個人；然而，每個人都有潛在能力，加以修練後會增強這份覺知，最後可以徹底感受並體現至尊聖靈。

這些來自聖靈和無窮世界的訊息無法用文字描述，又是透過誰傳遞給我們的呢？答案不是君主或哲學家，而是那些窮苦、沒受過教育、被瞧不起的人。他們以堅決的信念將人們從智力的荒漠帶進性靈的天堂！

互不相容的形上學一元論與二元論，曾經同時聲稱世界爲摩耶幻象，接著又拉抬補鞋匠、織布工和縫紉工等社會底層卑微工人的地位，將所有知識份子提出的定理斥爲無稽之談；其實這些形上學家並沒有以內觀的方式看待世間一切事物，殊不知眞與愛、美與喜，是滿溢於天地之間。

悟道大師達杜、神祕主義詩人拉維達斯、古印度詩人卡比爾和錫克教大師那納克都不是苦行者；他們不鼓吹貧窮或遺世獨立，只是揭開表象面紗，窺見了梵我合一的詩人。他們見到的那個世界，連神也是詩人，而且沒有邏輯批判的質疑目光。他們跟不用言語表達喜悅的小嬰孩一樣，單純享受眼見神的顯現，耳聽美妙仙樂的狂喜。

我們其實是從這群人身上得到眞相，而非透過科學家或哲學家。至尊聖靈單獨存在，我的靈魂也獨立存在，但兩者若不能並行，所有可怕的災難都將降臨，導致混沌的虛無一片。即便神擁有源源不絕的歡樂，祂依然需要我因祂而歡喜；只有當我們相遇，最完整的實相才會現身。

達杜說：「當我注視宇宙之美，我不禁要問，『神啊，祢是如何創造這世界？是什麼樣的喜悅浪潮突然湧現？難道是出於表現自我的欲望，抑或一時激動？或者只是耽溺於形體的遊戲？這個遊戲令祢開心；或者它使祢開始感受與生俱來的歡愉？』噢，這些疑問怎能用言語來回答呢？只有知道的人能瞭解。」

在另一個場合，達杜表示：「爲何不走向這位造就奇蹟之人，然後提問：『是否能用祢自己的方式讓人明瞭，由一而多的奧妙如何促成？』當我將創造物視爲形體之美，我只看到形體與美。當我將其視爲生命，我見處處是生命。當我將其視爲梵天，那麼我將默然無語。當我將它與萬物相連，它的多樣性目不暇給。當我從靈魂深處望向它，它的多重面貌與至尊聖靈的美好交融。我的雙眼於是成爲梵天之眼，於是我用這雙眼看見眞實。」

眼睛看不到自己的臉，所以需要一面鏡子。也就是說，臉與眼要保持一段距離，或者眼睛要離開臉的範圍，一要分成二才行。臉的映像不是臉孔本身，該怎麼做才能看到臉？

神在他的創造物當中映照出自己，因爲祂無法將自身置於自己的無限之外，只能藉由我的喜悅品嘗祂自己的喜悅。也因此，信奉神之人恪守純淨生活，並非出於表面的清教主義，而是保留自己的靈魂作爲神體驗喜樂的遊樂場。若不是因爲神的投射，使祂的美好在宇宙現身，使追隨者體會喜悅，祂也許永遠無形也無色地存在於無限的虛空之中。

這便是玄義如此深奧難測的原因。不管我們宣稱僅梵天爲眞，或僅宇宙爲眞，與眞理的距離都一樣遙遠，因爲眞理的表現只能是「此與彼」，而不是「非此即彼」。

達杜也點出來了，「祂既不死也不生；既不去也不來；不安眠，不清醒；無欲無求。祂非你非我，非一非二。當我說萬物唯一，卻發現唯二；當我說有二，卻又見到一。噢，達杜，別再費心，見祂是祂，就在你心中深處，停止無謂的想像和空言吧！」

達杜接著說：「當智性之泉噴發，文字滔滔不絕湧現；而心領神會之時，音樂才有一席之地。」當智性坦承失敗，文字失靈，因體悟而歌唱的喜悅便從心靈深處浮現。旋律能進入語言或文字達不到的地方；隨著樂音，人可以透過神的目光，在神的歡宴中放開懷。

達杜讚嘆：「這就是爲什麼，祢的宇宙和祢所創造的一切都如此吸引我；祢的水、祢的風，還有這片承載風與水的大地，山巒、大洋、冰封極地、炙熱太陽。在大地、蒼穹與天堂這三個地帶，滋養各式各樣的生命，因爲有祢的扶持和祢的美好，我深深著迷。無人能看見、接近或猜透的祢，有誰能一探究竟！達杜不想知道，只盼繼續感受這份美好，與祢共享喜樂，便心滿意足，再無所求。」

將形體視爲神展現愛的遊樂場，並無貶抑之意。神既然創造感官，便不會讓感官有所欠缺。「所以，」達杜表示，「讓眼睛飽覽繽紛色彩，讓耳朵聆聽樂聲，讓鼻子嗅出花香，一切都經過精心安排。」我們發現，身體嚮往靈魂，靈魂追求身體；花朵嚮往香氣，香氣追求花朵；言語嚮往眞理，眞理追求言語；形體嚮往理想，理想追求形體。這種相互渴望的背後是無法言喻的眞實，在這個共同的基礎下，每一種渴望都憑添光彩。因此，達杜不必辛苦抗爭，而是輕鬆地放開心胸，接受愛的擁抱，在永恆的春日時光中歡欣鼓舞。

每一個形體的載具，都被神以祂的無形塡滿而變得美好，這份美好最終歸於神。因爲神的愛，冷漠的人也能滿足每顆奉獻之心，讓心充滿溫度，並將這股愛意爲蒼白貧乏的生命注入斑斕色彩。美麗的創造物以純淨之心，將其美好敬獻給神，這種相互歸屬感還需要用文字來陳述嗎？所以，達杜毫不猶豫地把最純眞、不受玷汙的心、理性與靈魂，交給他至高無上的所愛。

也許有人不認同這個觀點，認爲形體總有一天會消失，不配代表永恆。關於這個論點，達杜應該會做如此回應：形體雖然轉瞬即逝，但這對於敬神來說是助力而非阻力。回到根本來談，形體是心靈的載具，也是心靈的延伸。美的召喚讓我們接觸原本遙不可及的眞理，因爲美就存在眞理當中。當死亡來臨，我們也會瞭解，那正是生命的眞理。

附錄四

夜與晨

（本文爲泰戈爾一九三〇年五月二十五日週日於英國牛津曼徹斯特學院附設禮拜堂所發表之演說全文。）

我父親早年歷經祖母離世，身心飽受創傷，生命頓時失去意義，周遭一切也隨之失色。陷入痛苦的他亟欲探索眞理。某日，一頁因破舊而脫落的經文被輕風吹來，正好落在傷心欲絕的父親面前，引起了他的注意。那是《自在奧義書》（*Ishopanishad*）的第一段文字，譯文意義大致如下：

汝當明白，世上會動會變之事物必有神的足跡；棄絕一切，不貪圖他人財物者，必享喜樂。

由此，我們應該知道，所有會動會變的一切都與那永恆的唯一眞理有關聯。這個觀念讓我們摒除占有的貪念，欣然將我們的所有獻給至高眞理。虛榮心和空虛感因爲這層領悟而消散，心境也將大幅轉變。

記得有一次搭船旅行，船駛到一處陌生的地方，我突然發現那是三條大河的交會處。當時白日將盡，周遭景物很快被漆黑的夜色包圍，四下一片靜默，甚至顯得荒蕪。船夫們似乎被詭異的氛圍影響而感到不安，強自按捺的焦慮也讓我的思緒起伏不定。在夜晚的推波助瀾下，這些感受不自覺地被放大了數倍。翌日，晨光降臨，將纏繞終夜的煩憂一掃而空。事實上根本沒什麼，唯一不同的只是明亮的天空。

夜晚的靜，彷彿下了一道暗黑通牒，虛空的深淵大口地把希望給吞沒；早晨的寧靜如慈母的微笑那樣平和，好像輕聲訴說：「我在這兒！」我總算明白爲什麼鳥兒總是以唱歌來迎接早晨。因爲天地以晨光的照拂來肯定牠們的存在，因此鳥兒雀躍地高歌回應。另一方面，黑暗使人的存在陷入孤絕，而我們之所以害怕，是因爲感覺自己存在的現實在暗夜裡被限縮再限縮。我們對自身性格的認識隱含了積極的眞理，它自然而然地從周遭環境找到調性相同的眞理，然後兩者產生了共鳴，建立和諧的關係，理解更多的眞理，並甘願爲眞理犧牲。

人類迥異於其他動物之處，在於人不靠搶奪或生理需求，而是透過犧牲奉獻彰顯自身的存在。隨著犧牲奉獻而來的創造力，讓人們建立房屋、組織與文明。這說明了人類本能地知道積極的眞理是無窮盡的，存在也因此取得最崇高的地位。不管我們是否露出卑鄙、貪婪或無恥的性格，我們的意識光譜都會有這些黑線；黑線代表我們對眞理的理解出現極大的破綻，我們的理解還有盲點，世界的運作並不是遵照對立原則，而是以理想的實踐精神爲核心。

犯罪多半發生在天黑之後。這個現象不能簡化解釋爲夜間犯罪不容易被他人目擊。更深層的原因是，在黑暗中，時間的陰暗面會削弱人性的光明面。不管是受害人或自己，人在晚上感覺都不比在白天眞實；而我們內心所缺乏的，卻拚命想要往外尋找。在人類世界的任何角落，只要疏離感撤退，萬物合一的亮光便會顯現，這是恆古不變的肯定，印度人僅發出一聲「嗡」（OM）便足以生動地說明這一點。合一的亮光出現，人要向善就很容易了，倒不是因爲劣根性被箝制，而是人在明白自身存在的正面意義之後心生喜悅，同時也因爲人的心不再被深不可測、失序的黑夜所綁架。

把這個概念應用在人與自己國家的關係上，可以做更具體的描述。一個人對祖國的看法一定具有積極的眞實性，不會有陰暗邪惡的念頭，不會胡亂猜忌、誇大恐懼或貪得無厭；因爲祖國對他來說是明明白白、實實在在，令他歡喜的眞實。懷抱如此強烈的眞實感的人，必定能體會大我的存在，這個大我超脫形體，也超脫當下，人從大我得到的啓發，就是犧牲奉獻帶來的無上喜樂。

在文明初始，人們因爲地理環境的封閉而群聚。但少了內部人際關係，這群人只能說是消極的群聚，對個體來說可能還是不利的。個人充其量只是一群沒有集體意識的群眾之一，他只代表他自己，對他人缺乏信任感，對於看不順眼的人不會掩飾厭惡，即使動手攻擊也不會有絲毫猶豫。這種粗鄙原始的心態正是出自躲藏在黑暗中，以否定態度看待周遭一切的貧瘠靈魂。

但是，當相互認可的破曉來臨，生命在清晨開始攜手合作，那個神聖祕密，也就是開創性的合一精神，便賦予個人更大的眞理，那個眞理稱爲「人類」。當這些個體心悅誠服地順從眞實的人類精神，生命共同體的概念自此形成，開始了一代接一代的傳承，雖然有時不見得所有人都意識到這點，但他們終究會沿襲這個精神，共同打造理想的未來。人類的和平依據人我關係形成的團結程度強弱而定。團結讓他們發現某種超越時間、事物、生命與思想的崇高眞理，於是他們的團結也納入身邊的環境元素，像是山川與溪流、舞動的旋律、各種形體與色彩、湛藍的天空，以及玉米翠綠的嫩芽。

慢慢的，人們也體會到自己的存在隱含著微妙且複雜的特質。人的進展與完美建築在互相依存的和諧關係上，而非一群人對彼此施加暴力，傲慢地宣稱獨立主權，這種獨立只適合用在荒涼死寂的不毛之地。

個人主義的猖獗與人道精神是背道而馳的，前者源自原始的獸性，它壓抑了人之所以爲人的覺知力，也窄化人的精神層面。

在一個民族或一國疆域內實踐的人道眞理，在今日遭遇了外部的阻礙。科技的進步把世界各國的距離拉得愈來愈近，遺憾的是科技並沒有帶來有助於彼此理解的亮光，反而設下重重的實質障礙，阻撓集體慈悲心與同情心的成長。

但我不會愚蠢到譴責科技是物質主義的產物，這並非事實。科學代表我們在知識體系中的明智與誠實、人與物質世界互動的基礎，這是一種誠懇認眞、富有某種神聖意義的事，足以啓動人的犧牲與殉難精神。大家常掛在嘴邊卻又不總是信守的「誠實爲上策」，科學界倒是奉爲圭臬，而事實證明科學家的眞誠，每每皆能使人群受益。只是，心懷不軌的人搭了科學進展的便車，利用不當手段挑起人類原始本能，引誘邪惡的意念，使民族之間的交會與彼此瞭解的腳步因此停了下來。每當我思考這個議題，就會想起彼時在三川匯流之處感受到的巨大恐怖，來自黑暗宇宙的威脅讓我無法招架。夜晚使人感覺變得遲鈍，它總是悄然籠罩著人群，營造虛幻不實的景象。對他人的猜忌是原始而粗鄙的人性，現今全球各地充斥著這樣的氛圍，提供侵略式個人主義孳生的溫床，導致了野蠻行爲、貪婪與冷酷，加害人對於殘害人道的惡行卻依然夸夸其言。

那些趁夜進行掠奪破壞的人，大言不慚地主張這些性格是人類不變的天性，而道德是少數人的看法，因爲競爭才是所有生物的本能。

令我不解的是，人們試圖超越與突破體能極限的夢想，會被廣爲讚許，甚至有人發出登陸外星球的豪語，也不會被嘲笑；既然如此，爲什麼人一定得自我羞辱，認爲我們已經抵達道德的盡頭？看起來愈不可能的事，表示我們愈得盡力去做；要知道我們必須相信完美才能鋪出走向完美的路，也要相信外在的合一必須昇華爲內在的合一，才能照亮永生之人的眞理。

各國無法坦誠互信，除了因爲不斷地猜忌，也因爲各自的業；過去的所做所爲再加上前人在更早之前造下的業。他們不知道從狹隘的歷史束縛中形塑出的心態，無法帶領他們走向更寬廣的未來，還死抱著一些諸如戰爭永遠不會消失、弱肉強食有其道德正當性等傲慢無知的言行。有些人對於過去犯下的錯誤，企圖藉由持續犯行作爲正當化的途徑，就像疾病轉成慢性病一樣，他們當然也不忘對踩剎車的建議嗤之以鼻並發動攻擊。過去的惡靈揮之不去，死人霸占活人的腦袋，夜夜糾纏著彼此疏離的國家，使夜晚的人們更加看不清各自的臉和神情。

很可惜，我們印度人沒有機會發揮我們最好的一面，與世上的強權國家建立融洽關係，任憑大國把大量資源浪費在恫嚇和虛張聲勢以提高競爭優勢的計畫上。已經有人發出語重心長的呼籲，希望讓聖潔的眞理之光照進醞釀政治惡夢的黑暗時刻。這些呼籲傳遞「神無所不在」的消息，並告誡我們放下貪念，戒除欲望，才能得到精神富足和眞理的力量，使我們不再追求虛幻的權力，而是追求理想的實踐，繼而獲得永久和平，以及人心的合而爲一。只是印度至今從未得到實踐理想的機會。但至少我們還保有自己的人性呼喚，這是眞理的要件。傳遞眞理的信差們跨越了時代、跨越大洋與歷史的障礙，攜手合作，將人類從昏昧而冷漠的無明狀態，提升爲四海之內皆兄弟的生命共同體。我們雖然只是微不足道的個體，可能來自世界任何一個角落，但每個人都該一點一滴地貢獻覺知之光，使光芒普照世間。我請求各位與我合作來達成這項目標，不光是因爲眾志可以成城，更是因爲合作本身就是眞理最佳的展現；它既是手段，也是目的。

讓我們堅信心靈渴望合一的眞實，即便數學邏輯無法提出證明。那麼，不妨用行動來證明我們早已接收到這項信息，並準備付諸實現，就像一首歌需要歌手練習之後再唱出來，就像只要把窗廉拉開、敞開大門就能迎接早晨。

印度古文學相當重視「千年至禧」這個概念，利用許多傳說來支撐並豐富它的內涵。等待破殼而出的小雞，隱約感受到蛋殼外面的世界擁有無限自由，比蛋殼內的小世界來得眞實。如果小雞信奉不可知主義，牠自然會有所懷疑，不能肯定外面的世界是否存在，可是牠啄蛋殼的動作不會有一刻停止。人的靈魂雖然受到各種侷限，卻一樣渴望千年至喜，追尋看似不可得的自由解放；經常出現的靈感也向我們證明，所有眞、善、美的體驗都是眞眞切切的存在。

有鑑於此，《奧義書》說：「汝當明白，世上會動會變之事物必有神的足跡；棄絕一切，不貪圖他人財物者，必享喜樂。」

祂是唯一，祂將合一的渴求交付到每個時代的每個人心中，
那是一切的起點與終點。
願祂以眞理、友愛和公理正義，
讓我們團結在一起。

國家圖書館出版品預行編目資料

人的宗教：泰戈爾論文集
泰戈爾 (Rabindranath Tagore) 著；曾育慧譯
初版．-- 臺北市：商周，城邦文化出版：家庭傳媒城邦分公司發行
2016.07　面；　公分

譯自：The Religion of Man

ISBN 978-986-477-036-6（平裝）

1. 宗教

200　　105009211

人的宗教：泰戈爾論文集

原著書名／The Religion of Man
作　　者／泰戈爾 Rabindranath Tagore
譯　　者／曾育慧
責任編輯／陳玳妮

版　　權／林心紅
行銷業務／李衍逸、黃崇華
總 編 輯／楊如玉
總 經 理／彭之琬
發 行 人／何飛鵬
法律顧問／元禾法律事務所 王子文律師
出　　版／商周出版
台北市104民生東路二段141號9樓
電話：(02) 25007008　傳真：(02)25007759
E-mail：bwp.service@cite.com.tw
Blog：http://bwp25007008.pixnet.net/blog
發　　行／英屬蓋曼群島商家庭傳媒股份有限公司城邦分公司
台北市中山區民生東路二段141號2樓
書虫客服服務專線：(02)25007718；(02)25007719
服務時間：週一至週五上午 09:30-12:00；下午 13:30-17:00
24 小時傳眞專線：(02)25001990；(02)25001991
劃撥帳號：19863813；戶名：書虫股份有限公司
讀者服務信箱：service@readingclub.com.tw
城邦讀書花園：www.cite.com.tw
香港發行所／城邦（香港）出版集團有限公司
香港灣仔駱克道193號東超商業中心1樓
E-mail：hkcite@biznetvigator.com
電話：(852) 25086231 傳真：(852) 25789337
馬新發行所／城邦（馬新）出版集團【Cite (M) Sdn. Bhd.】
41, Jalan Radin Anum, Bandar Baru Sri Petaling,
57000 Kuala Lumpur, Malaysia.
Tel: (603) 90578822　Fax: (603) 90576622
Email: cite@cite.com.my

封面設計／陳文德
排　　版／極翔企業有限公司
印　　刷／韋懋實業有限公司
經 銷 商／聯合發行股份有限公司
電話：(02) 2917-8022　Fax: (02) 2911-0053
地址：新北市231新店區寶橋路235巷6弄6號2樓

■2016年7月5日初版
■2019年7月1日初版2.3刷
定價320元

Printed in Taiwan

ISBN 978-986-477-036-6

城邦讀書花園
www.cite.com.tw

商周出版

廣 告 回 函
北區郵政管理登記證
北臺字第000791號
郵資已付，免貼郵票

104 台北市民生東路二段141號2樓

英屬蓋曼群島商家庭傳媒股份有限公司城邦分公司 收

請沿虛線對摺，謝謝！

商周出版

書號：BK7071 書名：人的宗教 編碼：

請於此處用膠水黏貼
請於此處用膠水黏貼

商周出版

讀者回函卡

感謝您購買我們出版的書籍！請費心填寫此回函卡，我們將不定期寄上城邦集團最新的出版訊息。

不定期好禮相贈！
立即加入：商周出版
Facebook 粉絲團

姓名：______________________ 性別：☐男 ☐女

生日：西元________年________月________日

地址：______________________

聯絡電話：______________ 傳真：______________

E-mail ：

學歷：☐ 1. 小學 ☐ 2. 國中 ☐ 3. 高中 ☐ 4. 大學 ☐ 5. 研究所以上

職業：☐ 1. 學生 ☐ 2. 軍公教 ☐ 3. 服務 ☐ 4. 金融 ☐ 5. 製造 ☐ 6. 資訊
☐ 7. 傳播 ☐ 8. 自由業 ☐ 9. 農漁牧 ☐ 10. 家管 ☐ 11. 退休
☐ 12. 其他______________________

您從何種方式得知本書消息？

☐ 1. 書店 ☐ 2. 網路 ☐ 3. 報紙 ☐ 4. 雜誌 ☐ 5. 廣播 ☐ 6. 電視
☐ 7. 親友推薦 ☐ 8. 其他______________________

您通常以何種方式購書？

☐ 1. 書店 ☐ 2. 網路 ☐ 3. 傳真訂購 ☐ 4. 郵局劃撥 ☐ 5. 其他______

您喜歡閱讀那些類別的書籍？

☐ 1. 財經商業 ☐ 2. 自然科學 ☐ 3. 歷史 ☐ 4. 法律 ☐ 5. 文學
☐ 6. 休閒旅遊 ☐ 7. 小說 ☐ 8. 人物傳記 ☐ 9. 生活、勵志 ☐ 10. 其他

對我們的建議：______________________

____

____

【為提供訂購、行銷、客戶管理或其他合於營業登記項目或章程所定業務之目的，城邦出版人集團（即英屬蓋曼群島商家庭傳媒（股）公司城邦分公司、城邦文化事業（股）公司），於本集團之營運期間及地區內，將以電郵、傳真、電話、簡訊、郵寄或其他公告方式利用您提供之資料（資料類別：C001、C002、C003、C011 等）。利用對象除本集團外，亦可能包括相關服務的協力機構。如您有依個資法第三條或其他需服務之處，得致電本公司客服中心電話 02-25007718 請求協助。相關資料如為非必要項目，不提供亦不影響您的權益。】

1.C001 辨識個人者：如消費者之姓名、地址、電話、電子郵件等資訊。
2.C002 辨識財務者：如信用卡或轉帳帳戶資訊。
3.C003 政府資料中之辨識者：如身分證字號或護照號碼（外國人）。
4.C011 個人描述：如性別、國籍、出生年月日。

請於此處用膠水黏貼